Günter Neidinger

Eine Kindheit in den 50er-Jahren

Günter Neidinger wuchs mit fünf Geschwistern im badischen Bühl auf, studierte an der Pädagogischen Hochschule in Karlsruhe und wirkte lange Jahre als Lehrer und Rektor. Er lebt heute in Sulz am Neckar.
Seit 40 Jahren ist er als erfolgreicher Autor tätig. In dieser Zeit schrieb und übersetzte er Romane, Novellen, Parabeln, heitere Geschichten, Gedichte und für Kinder zahlreiche Sachbücher, Lernhefte, Geschichten und Theaterstücke. Einige Kinderbücher wurden auch in andere Sprachen übersetzt.

Günter Neidinger

Eine Kindheit in den 50er-Jahren

Nostalgische Bilder und Geschichten aus Baden

SILBERBURG

1. Auflage 2024

Schweickhardtstraße 1,
D-72072 Tübingen.

Umschlaggestaltung, Satz und Layout:
Björn Locke, Herrenberg.
Coverfoto: privat
Lektorat: Michael Raffel, Tübingen.
Printed in Poland by CGS Printing.

ISBN 978-3-8425-2442-2

Ihre Meinung ist wichtig für unsere
Verlagsarbeit. Senden Sie uns
Ihre Kritik und Anregungen unter
meinung@silberburg.de

Besuchen Sie uns im Internet
und entdecken Sie die Vielfalt
unseres Verlagsprogramms:
www.silberburg.de

Inhalt

2044

Die Geburtstags-überraschung

Nun war er also achtzig geworden, der Robert Seifermann, oder genauer gesagt: der Opa Seifermann, wie er in der Nachbarschaft von Kindern und Erwachsenen liebevoll genannt wurde.
Viele konnten das zuerst gar nicht glauben, dass er so alt sein sollte, fit und unternehmungslustig, wie er war. Aber es stand schwarz auf weiß in der Zeitung, und der Bürgermeister war persönlich erschienen und hatte dem Jubilar gratuliert. Demnach musste es wohl stimmen.

Robert Seifermann war eine stadtbekannte Persönlichkeit. Neben seiner beruflichen Tätigkeit als Außenhandelskaufmann in einer großen Firma hatte er während seines arbeitsreichen Lebens viele Ehrenämter inne, war lange Jahre Stadtrat, Kirchengemeinderat und in zahlreichen Vereinen tätig. Er spielte in jungen Jahren im örtlichen Fußballverein Linksaußen, wie die Position damals im WM-System noch hieß. Eine Elf bestand zu dieser Zeit aus einem Torwart, zwei Verteidigern, drei Läufern und fünf Stürmern. Das Singen gehörte ebenfalls zu Robert Seifermanns Leidenschaften. Mit seiner sonoren Bassstimme war er eine Stütze im Kirchenchor und im Männergesangverein.

Eigentlich hatte die ganze Nachbarschaft einen großen Bahnhof an Opa Seifermanns Jubeltag erwartet. Doch der Jubilar hatte sich einen ruhigen Tag ohne Hektik und Händeschütteln gewünscht.
Ein Mittagessen mit der Familie in seinem Stammlokal in der Stadt, ein kleiner Ausflug zu seinem Lieblingsplatz bei der Waldhütte und ein kühles Pils im Biergarten zum Abschluss. So war der Tag dann zu Opa Seifermanns Freude auch gelaufen.

Geschenke hatte er sich keine gewünscht. »Ich hab' ja alles, was ich brauche«, war seine Meinung dazu. Bescheiden war er in seinem ganzen Leben immer gewesen. Sein Aufwachsen in der armen Nachkriegszeit hatte ihn geprägt. Die meisten Menschen waren damals froh, wenn sie das Nötigste zum Leben hatten. Geschenke zum Geburtstag oder zu Weihnachten gab es wenige, und meistens waren es Dinge, die man sowieso brauchte – irgendetwas zum Anziehen, und am Heiligen Abend noch einen Teller mit etwas Naschzeug. Einmal war sogar ein Spiel für alle Geschwister zusammen auf dem Gabentisch: ein Angelspiel mit einem Aquarium aus Pappe, kleinen Magneten an farbigen Schnü-

ren mit Holzstäbchen als Angeln und verschiedene Fische. Auch die waren aus Pappe und mit einem Metallring ausgestattet, an denen die Magneten greifen konnten.

Opa Seifermann musste schmunzeln, als er daran dachte. Er erinnerte sich an die strahlenden Augen der Kinder. Man war mit wenig zufrieden. Nicht zu vergleichen mit der Flut an Geschenken heute. Und er hatte Zweifel,

Zum Geburtstag bekam Opa Seifermann einige Flaschen Wein aus heimischer Umgebung geschenkt. Sie erinnerten ihn an seine Kindheit. Oft hatte er bei der Arbeit im Weinberg geholfen, am liebsten bei der Weinlese.

ob damit Glück und Zufriedenheit in gleichem Maße zugenommen haben. Eher nicht, wie er immer wieder feststellen musste.

Heute hatte ihn seine Familie mit einem besonderen Geschenk überrascht. In einem Schrank auf dem Speicher hatten seine Kinder ein altes Lesebuch aus seinen ersten Volksschuljahren entdeckt. Als er es auspackte, strahlten seine Augen wie damals in der Kinderzeit. Er hielt sein Lesebuch aus dem Jahr 1952 in den Händen.

In Opa Seifermanns Kindheit fuhren noch einige Dampfzügle in den Seitentälern des Schwarzwaldes, so auch die Bühlertalbahn von Bühl über Altschweier nach Bühlertal.

Mit dem Dampfzug unterwegs

Opa Seifermann hatte es sich im Sessel bequem gemacht. Interessiert blätterte er in seinem alten Schulbuch, mit dem ihn seine Kinder zu seinem 80. Geburtstag überrascht hatten. Robert Seifermann konnte sich an viele Geschichten darin erinnern. Besonders lustig fand er die Erzählung aus der Jugendzeit des österreichischen Schriftstellers Peter Rosegger, der von 1843 bis 1918 lebte. Sie hieß: »*Als ich das erste Mal auf dem Dampfwagen saß*«. Darin berichtete der Dichter von seiner ersten Eisenbahnfahrt mit seinem Oheim, dem Knierutscher Jochem, Mitte des 19. Jahrhunderts.
Opa Seifermann schmunzelte, als er die Geschichte wieder las. Die erste Begegnung mit einem Dampfzug musste für die Menschen damals unheimlich gewesen sein. In Roseggers Erzählung hieß es nämlich: »Auf der eisernen Straße heran kam ein kohlschwarzes Wesen … ›Kreuz Gottes!‹, rief der Jochem, ›da hängen ja ganze Häuser dran!‹«

Opa Seifermann erinnerte sich an seine eigene Kindheit hundert Jahre später. Da fuhren immer noch Dampfzüge. Hinter der schwarzen Lok hing der Wagen mit den Kohlen, mit denen der Kessel beheizt wurde. Lokführer und Heizer hatten rußgeschwärzte Gesichter. Als Kind war Robert Seifermann in den Ferien oft mit der Eisenbahn zu Oma und Opa gefahren. In den Abteilen der Waggons saß man auf Holzbänken. Lustig war es, wenn man den oberen Teil des Fensters nach unten schob und die Haare im Fahrtwind flatterten. Die mechanisch gesteuerten Signale zeigten freie Fahrt an. An den Bahnübergängen wurden die Schranken vom Schrankenwärter herunter- und später wieder hochgekurbelt. Er wohnte gleich nebenan im Bahnwärterhäuschen. Bei Gefahr und vor jedem Tunnel stieß die Lok einen schrillen Pfiff aus. Der kleine Robert hielt sich da jedes Mal die Ohren zu.
»Wasch dir erst mal den Ruß aus dem Gesicht!«, sagte seine Oma gleich nach der Begrüßung.

Das Gelände rund um den Bahnhof war damals noch eingezäunt. Auch der Zugang zu den Gleisen war abgesperrt. Ohne Fahrkarte oder Bahnsteigkarte kam niemand durch. An den Zugängen saß ein Kontrolleur in Uniform, der streng darauf achtete. Für die Fahrkarten musste man sich am Fahrkartenschalter anstellen, Bahnsteigkarten gab es auch am Automaten.
Opa Seifermann erinnerte sich auch an die erste elektrische Lokomotive, die er zu Gesicht bekam. Immer mehr Bahnstrecken wurden mit Oberleitungen

Unterwegs mit dem Personenzug der »Mittelbadischen Eisenbahn« in die Landgemeinden Richtung Rhein, in Opa Seifermanns Kindheit von einer Dampflok gezogen.

ausgerüstet. Die Zeit der Dampfzüge neigte sich dem Ende zu. Da ging Robert bereits in die erste Klasse des Gymnasiums. Er war ein Sextaner, wie das damals hieß. Alle Schulkinder hatten sich auf dem Bahnsteig versammelt. Sie winkten mit ihren Papierfähnchen, als die erste E-Lok bunt geschmückt in den Bahnhof einfuhr. Der Bürgermeister und der Bahnhofsvorsteher hielten eine Rede. Und als sich die E-Lok ohne Dampfen, Zischen und Pfeifen wieder in Bewegung setzte, spielte die Musikkapelle das Lied »Muss i denn, muss i denn zum Städtele hinaus …«

Oben: Mit dem Dampfzug durchs Kinzigtal zu den Großeltern nach Schramberg, in Opa Seifermanns Kindheit ein tolles Ferienerlebnis.

Links: Die Rheintalstrecke wurde mit Oberleitungen ausgerüstet. Als die ersten Züge mit E-Loks fuhren, war das auch am Bahnhof in Bühl ein Großereignis.

Ein Auto auf drei Rädern

Opa Seifermann schmunzelte, als er im alten Lesebuch aus seiner Schulzeit Bilder vom damaligen Straßenverkehr sah. Er erinnerte sich an das Kopfsteinpflaster in der Hauptstraße, wo an der Kreuzung ein Schutzmann den Verkehr regelte. Ampeln gab es zu der Zeit nur in ganz großen Städten. Als Kind war Robert Seifermann oft an der Kreuzung gestanden und hatte dem Schutzmann bewundernd zugeschaut. Ob Bus, Lastwagen, Personenwagen, Motorrad, Roller oder Fahrrad, alle mussten seinen Fuchteleien mit den Armen Folge leisten. In der Schule hatte Robert einen Spruch gelernt, den er jetzt halblaut vor sich hin murmelte: »Siehst du vom Schutzmann Brust oder Rücken, musst du auf die Bremse drücken.«

Und was damals für seltsame Autos unterwegs waren! Da gab es den Messerschmitt Kabinenroller, in den zwei Personen passten. Sie saßen hintereinander. Zum Ein- und Aussteigen musste man die Plexiglashaube aufklappen. Häufig zu sehen war in den Nachkriegsjahren die BMW Isetta. Dieses Auto hatte eine Fronttür, die zum Einstieg mitsamt dem Lenkrad hochzuklappen war. Zwei Personen hatten nebeneinander Platz. Es gab davon sogar

Ein Lastwagen in Opa Seifermanns Kindheit. Nach und nach verschwanden die Pferdefuhrwerke aus dem Straßenbild.

Post- und Polizeifahrzeuge. Auch ein Viersitzer-Modell gab es, den BMW 600. Diese Ausführung war etwas größer, hatte eine zusätzliche Seitentür rechts und eine Rücksitzbank.

Opa Seifermann erinnerte sich auch an ein ganz ungewöhnliches Auto. Ein Nachbar zwei Häuser weiter hatte so eines. Vier Personen hatten darin Platz. Die Sitzbänke waren so angeordnet, dass die beiden Leute im Fond nach hinten schauten. Das Auto hatte vorne und hinten Klapptüren, die gleich aussahen. Es war ein Zündapp Janus, benannt nach dem römischen Gott Janus. Auch dieser hatte hinten wie vorne zwei gleiche Gesichter. Viel

In Opa Seifermanns Kindheit führte die B3 mitten durch Bühl. Auf der Hauptstraße war einiges los. Viele Fahrzeugtypen prägten das Straßenbild.

zu sehen waren in Roberts Kindheit auch Kleintransporter auf drei Rädern, eines vorne, zwei hinten. Ganz bekannt waren der Goliath Dreirad Transporter und der Dreiräder Tempo Hanseat.

Roberts ganzer Stolz war sein Fahrrad. Es war ein gebrauchtes Vehikel, das er mit Lackfarbe wieder auf Vordermann gebracht hatte. Und es hatte einen Scheinwerfer, den man mit Hilfe eines Drehknopfes auf- und abblenden konnte. So ein besonderes Licht hatte kein Exemplar der neuen Fahrradgeneration.
Robert Seifermanns Familie hatte damals noch kein Auto. Aber das war in der Nachkriegszeit nichts Außergewöhnliches. Viele Leute waren froh, wenn das Geld für das tägliche Essen reichte. Für die Kinder war es ein großes Glück, dass damals noch wenig Autos unterwegs waren. So konnten sie, vor allem in den Seitenstraßen der Stadt, fast gefahrlos spielen. Im Winter war es sogar möglich, auf den etwas steileren Wegen Schlitten zu fahren. Und die eine oder andere Katze sauste flugs auf den nächsten Baum, wenn es hieß: »Bahn frei! Kartoffelbrei!«

An einer Straßenkreuzung in Bühl-Altschweier: eine Ausflugsfahrt mit dem Bus in Opa Seifermanns Kindheit.

Mit dem Fuhrwerk auf den Acker

Im alten Lesebuch aus seiner Schulzeit fand Opa Seifermann auch Lieder, die er heute noch auswendig kannte. Eines davon war das Frühlingslied »Im Märzen der Bauer«. Er schloss die Augen und sang es leise vor sich hin:

Im Märzen der Bauer die Rösslein
einspannt,
er setzt seine Felder und Wiesen
in Stand.
Er pflüget den Boden, er egget und sät
und rührt seine Hände frühmorgens
und spät.

Die Bäurin, die Mägde, sie dürfen
nicht ruhn,
sie haben im Haus und im Garten
zu tun.
Sie graben und rechen und singen
ein Lied,
sie freun sich, wenn alles schön
grünet und blüht.

So geht unter Arbeit das Frühjahr
vorbei,
da erntet der Bauer das
duftende Heu.
Er mäht das Getreide, dann drischt
er es aus,
im Winter, da gibt es manch
fröhlichen Schmaus.

Mit diesem Text könnten die Kinder heute wenig anfangen, ging es Opa Seifermann durch den Kopf. Das Lied stammte aus dem Anfang des 20. Jahrhunderts. Heute waren die Bauern da ganz anders unterwegs. Aus seiner eigenen Kindheit aber war ihm das alles noch in Erinnerung. Seine Oma mütterlicherseits hatte Landwirtschaft. Da musste er schon als kleiner Junge mithelfen, wenn es Arbeit im Haus und auf dem Feld gab.

Seine Oma hatte noch ein Fuhrwerk. Wenn das Heu oder das Getreide eingeholt werden musste, wurden zwei Kühe als Zugtiere angespannt. Auch beim Pflügen und Eggen waren in Opas Kindheit noch Kühe eingespannt. Pferde gab es nur auf wenigen Bauernhöfen in Omas Gegend. Von Traktoren ganz zu schweigen. Und wenn mal einer durchs Dorf dröhnte, war es meistens ein Lanz Bulldog. Vieles wurde damals noch in Handarbeit erledigt. Beim Mähen waren Sensen und Sicheln im Einsatz. Das Heu wurde mit hölzernen Heugabeln gewendet, das Getreide mit Stricken zu Garben gebunden. Da musste die ganze Familie mithelfen. Auch gab es auf größeren Höfen noch Knechte und Mägde.

In Opa Seifermanns Kindheit ein gewohntes Straßenbild: eine Kuh als Zugtier eines Fuhrwerks.

Zwei Kühe als Zugtiere mit einem stolzen, kleinen Reiter – eine ländliche Idylle.

Wenn das Wetter mal nicht so gut war, wurden die landwirtschaftlichen Geräte wieder in Ordnung gebracht. Laut war dann im Dorf das Richten der Sensen zu hören. Mit einem Hammer wurden die unebenen Stellen wieder glatt geklopft, gedengelt, wie man dazu sagte. Mit dem Wetzstein wurden die Sensen anschließend geschärft.

Der kleine Robert konnte da nur zuschauen. Solche Arbeiten waren für ein Kind viel zu schwierig. Genauso verhielt es sich beim Dreschen auf der Tenne. Auf dem Dachboden über der Scheune wurden die Getreidekörner aus den Ähren geklopft. Es war schon eine Kunst, die man beherrschen musste. Vier Männer waren beschäftigt, in genauem Takt mit den Dreschflegeln aus Holzstangen und Lederriemen zu Werke zu gehen.

Am Ende winkte dann für alle ein kräftiges Vesper. Meistens gab es Speck und Würste aus der Räucherkammer, dazu selbst gebackenes Bauernbrot und Most aus dem Fass im Keller. Auf den Bauernhöfen wurde damals alles selber produziert: Fleisch und Wurst bei der Hausschlachtung, Brot aus dem eigenen Getreide. Nur zum Mahlen fuhr man in die Mühle. Der Wein stammte aus den eigenen Weinbergen, der Most von den Obstbäumen. Sogar der Schnaps wurde selbst gebrannt. Wie gut schmeckte die Butter aus frischer Milch, im Butterfass geschlagen. Opa Seifermann lief das Wasser im Mund zusammen, wenn er daran dachte.

Und samstags war Badetag

Drei Jahre nach dem Zweiten Weltkrieg war Opa Seifermanns Familie in die Stadt gezogen. Wohnungen waren knapp. Die Eltern und die vier Kinder mussten sich mit zwei Zimmern begnügen. Zum Glück war die Küche groß genug, sodass auch der Esstisch darin Platz hatte. Einziger Luxus war ein Gasherd, auf dem die Mutter kochen konnte. Daneben stand noch ein Kohleherd mit zwei gusseisenberingten Kochstellen und einem Wasserbehälter, dem »Schiff«, wie man dazu sagte. Wenn die Mutter die Herdringe entfernte, passte auch das Waffeleisen auf die Kochstelle.

Nach dem Badetag am Samstag durften die Kinder am Sonntag in ihren Sonntagskleidern ausgehen, natürlich mit weißen Kniestrümpfen.

In seiner Kindheit wohnte Opa Seifermann viele Jahre lang im Bühler Sonnengässel. Dort wurde jeden Samstag die Zinkbadewanne aus der Waschküche in die Küche geschleppt.

Waffeln mit Zucker und Zimt bestreut und dazu Apfelmus. Ein prima Essen für die ganze Familie!

Ein Spültisch oder gar eine Spülmaschine wie heute war nicht vorhanden. Dafür gab es in einer Ecke der Küche den Schüttstein. Da floss zwar Wasser, aber nur kaltes. Warmes Wasser konnte nur das »Schiff« vom Kohleherd liefern, wenn er angeheizt war.
Und samstags war Badetag. Da wurde die große Zinkbadewanne aus der Waschküche in die Küche geschleppt.

Auf dem Kohleherd wurde im großen Einmachkessel Wasser zum Kochen gebracht. Dieses wurde dann in die Badewanne gegossen und mit kaltem Wasser aufgefüllt. Wenn die Temperatur zu niedrig war, kam noch heißes Wasser aus dem »Schiff« dazu. Danach konnte der Badespaß beginnen.
Jeweils zwei Kinder kamen gleichzeitig dran. Erst geschrubbt, danach die Haare gewaschen und dann raus aus der Wanne und rein ins große Badetuch, eines nach dem anderen, alle im gleichen Wasser. Wenn alle frisch gereinigt im Wohnzimmer saßen, musste die Mutter noch die Küchendielen trocken wischen. Sie hatten beim Baden einige Spritzer abbekommen. Abends, wenn Robert und seine Geschwister im Bett lagen, waren die Eltern an der Reihe. Natürlich füllten sie sich frisches Wasser ein.

Opa Seifermann erinnerte sich an die Zeit, als die Familie acht Jahre später in eine größere Wohnung umziehen konnte. Endlich gab es ein Bad und ein WC mit Wasserspülung. Die alte Zinkbadewanne hatte ausgedient, ebenso der nächtliche Pinkeltopf unter dem Bett. In der ersten Wohnung musste man nämlich draußen über den Hof laufen, um das Plumpsklo zu erreichen. Und nachts war das keinem zuzumuten.
Robert Seifermann musste grinsen, wenn er daran dachte, wie sie einmal ihrem Vater einen Streich gespielt hatten. Im Monat Mai gab es damals massenhaft Maikäfer. Man brauchte sie nur von den Obstbäumen zu schütteln. Ein paar Löcher in die Schuhschachtel stupfen, ein paar Blätter als Nahrung hinein – und ab damit nach Hause! Heimlich wurden sie dann im Plumpsklo ausgesetzt, bevor der Vater sich darauf niederließ.
Das war ein Bild, als der Vater dann die Tür aufriss! In einer Hand hielt er die zerfledderte Zeitung, die er lesen wollte, mit der anderen hielt er notdürftig die Hose fest. Dabei schrie er hilfesuchend nach der Mutter. Eine filmreife Szene!

Leib-und-Seel-Hose mit Strapsen

In der Zeit nach dem Zweiten Weltkrieg, in der Robert Seifermann aufwuchs, fragten die Eltern nicht lange, was die Kinder anziehen wollten. Von Markenklamotten wie heute war da sowieso nie die Rede. Man musste anziehen, was man hatte. Viel Auswahl gab es nicht: Für die Buben eine Hose für die Werktage und ein gutes Stück für den Sonntag. Bei Roberts Schwester Lisa war es mit den Kleidern genauso: ein hübsches Sonntagskleid

und ein robusteres Werktagskleid. Und dann noch eine Schürze, damit das Kleid länger sauber blieb!
So sahen auch die Kinder auf den Bildern im alten Lesebuch aus, in dem Opa Seifermann gerade blätterte. Auffallend waren die großen Schleifen im Haar, die die Mädchen auf den Fotos trugen. Er lächelte. Auch von seiner Schwester Lisa war im Familienalbum so ein Bild aus dem Kindergarten mit Kleid, Schürze und einer Schleife im Haar zu sehen.

Wenn es nötig war, schneiderte die Mutter aus alten Röcken, Hosen oder Mänteln wieder ein neues Kleidungsstück. Oft sah das neue Stück ganz flott aus, und die Kinderaugen leuchteten. Manchmal gab es aber auch Tränen.
Opa Seifermann erinnerte sich daran, wie er einmal eine Knickerbockerhose angepasst bekam, die von einem entfernten Verwandten stammte. Sie passte ihm zwar, aber er sah darin fürchterlich aus, wie er meinte. Ein

Linke Seite: Ein Sonntagsausflug im Matrosenanzug und in einem hübschen Kleidchen. Natürlich durfte die Schleife im Haar nicht fehlen.

Rechts: Im Bleyle-Anzug und mit weißen Kniestrümpfen fiel der Weg in die Schule umso leichter.

Blick in den Spiegel ließ ihn in Tränen ausbrechen.
»In solchen Apfelstehlershosen gehe ich nicht in die Schule«, heulte er los, »da lachen mich alle aus.«
Zum Glück hatte die Mutter ein Einsehen. Und was geschah mit der Hose? Sie wurde einfach einem von Roberts Brüdern verpasst. Der trug sie dann, ohne zu murren.
Auch an einen Mantel mit Fischgrätenmuster konnte sich Opa Seifermann erinnern. Die Mutter war richtig stolz, als sie ihn präsentierte. Etliche Stunden hatte sie an der Nähmaschine gesessen, bis sie ihn in Roberts Größe umgearbeitet hatte. Heute wusste er Mutters Mühe zu schätzen. Damals war er weniger begeistert. Aber getragen hatte er ihn dann doch. Dafür sorgte schon der eisig kalte Winter. Und warm gab er, das musste Robert anerkennen.

In Opa Seifermanns Kindheit gab es für die Buben eine Unterwäsche, mit der er bei seinen Enkeln Staunen und Heiterkeit auslöste, wenn er davon erzählte. Es handelte sich dabei um die Leib-und-Seel-Hose.
»Ihr müsst euch das so vorstellen«, erklärte er der staunenden Kinderschar, »da waren Unterhemd und Unterhose an einem Stück, so eine Art Body für Buben, wie man heute sagen würde.«
Noch größer wurde das Staunen, wenn Robert Seifermann von den Strapsen aus Gummibändern erzählte, mit denen man die gestrickten Strümpfe an der Leib-und-Seel-Hose befestigte. Und das bei Buben!
»Könnt ihr euch vorstellen, wie wir damals den Frühling herbeisehnten?«, fragte er. »An Ostern durften wir nämlich Kniestrümpfe anziehen.«
Opa Seifermann atmete heute noch erleichtert auf, wenn er daran dachte.

Räuber und Gendarm

In Opa Seifermanns Familie gab es in seiner Kinderzeit vieles noch nicht, was für heutige Kinder selbstverständlich ist. Die Seifermanns hatten kein Telefon, keinen Fernseher, kein Handy, kein Smartphone, keinen Computer, kein Tablet, keine Spielekonsole und kein Auto. Auch Bücher und Spielsachen waren Mangelware. Für seine Enkelkinder kaum vorstellbar, wenn Opa ihnen davon erzählte.
»Da muss es dir aber fürchterlich langweilig gewesen sein«, sagten sie dann. Doch dem war ganz und gar nicht so.

Schnell noch ein Klassenfoto, und dann ab nach Hause. Schließlich wollen sich die Buben am Nachmittag treffen und Räuber und Gendarm spielen.

Auf zum Armbrustschießen unter Aufsicht der Lehrer! Wer wird dieses Jahr Schützenkönig?

In Opas Kinderzeit war der schönste Spielplatz draußen. Auf den Nebenstraßen und Gassen der Stadt, auf den Wiesen und an den Bächen in der Nähe gab es für Spiele und Unterhaltung genug Möglichkeiten. An Kindern zum Mitspielen mangelte es nicht. Allein in dem Sechsfamilienhaus, in dem die Seifermanns ab Mitte der fünfziger Jahre wohnten, gab es einundzwanzig Kinder. Dazu kamen noch die Buben und Mädchen aus der Nachbarschaft. Da war immer etwas los!

An Spielideen mangelte es nicht: *Blinde Kuh – Der Fuchs geht um – Der Kaiser schickt seine Soldaten aus – Gummihopsen – Hahnenkampf – Kaiser, wie viel Schritte darf ich geh'n? – Katz' und Maus – Komm mit, lauf weg! – Ochs' am Berg, eins, zwei, drei – Verliebt, verlobt, verheiratet* – und viele andere mehr. Natürlich kamen auch die beliebten Ballspiele wie Fußball, Handball, Korbball, Federball, Jägerball, Völkerball oder Spiele wie Fangen und Verstecken nicht zu kurz.

Opa Seifermann erinnerte sich an die zahlreichen Abzählverse, die bestimmten, wer beim nächsten Spiel an der Reihe war. Wenn es schnell gehen musste, zählte man einfach:

Ene, mene, meck, und du bist weg! – oder: *Ene, mene, mu, und raus bist du!*

Wenn der Abzählende mit dem Betroffenen nicht zufrieden war, griff er einfach zu einem Trick und zählte weiter:

Raus bist du noch lange nicht, sag mir erst, wie alt du bist!

Auch weitere beliebte Reime fielen Robert Seifermann ein. Einer ging so:

Ich und du, Müllers Kuh, Müllers Esel, der bist du.

Ein anderer:

Eine kleine Dickmadam fuhr mal mit der Eisenbahn. Eisenbahn, die krachte, Dickmadam, die lachte. Eins, zwei, drei, und du bist frei.

Eines von Opa Seifermanns Lieblingsspielen als Kind war *Räuber und Gendarm*. Die Räuber mussten dabei von den Gendarmen gefangen und an einem bestimmten Platz eingesperrt werden. Wenn alle gefangen waren, ging das Spiel von vorne los. Doch wenn die Gendarme nicht richtig aufpassten, wurden die Räuber von ihren Kumpanen wieder befreit. Robert war am liebsten Räuber. Gendarm zu sein fand er nicht so toll.
Ist doch blöd, Leute zu fangen, die dann doch wieder ausbüxen, war seine Meinung. Da fühlte sich ein Leben als Räuber doch viel abenteuerlicher an.

Sammeltassen und Alpenveilchen

Opa Seifermann staunte manchmal nicht schlecht, wenn er sah, was die Enkelkinder heutzutage an ihren Geburtstagen an Geschenken auspacken durften. Die Wunschliste war meistens groß. Vom neuesten Smartphone über die Playstation bis zum Mountainbike war da vieles zu finden. Aber Freude und Zufriedenheit hielten sich dennoch oft in Grenzen.

Robert Seifermann dachte dann oft an seine Kindheit zurück. Es war eine arme Zeit nach dem Krieg. Die meisten Menschen waren froh, wenn es jeden Tag etwas zu essen gab, wenn Holz und Kohlen im Keller lagen für eine warme Stube. Da war es nicht weit her mit Geschenken zum Geburtstag und anderen Festtagen.

Meistens lag etwas zum Anziehen auf dem Gabentisch: eine Hose, ein Hemd, Kniestrümpfe und in Wintermonaten eine warme Jacke, gestrickte Handschuhe oder eine Mütze. Und was für strahlende Kinderaugen, wenn noch ein paar Süßigkeiten dabei lagen.

Ein Fest, an dem es für den kleinen Robert und seine Geschwister immer Süßigkeiten gab, war Ostern. Im Osterkörbchen stand mitten in den mit Zwiebelhäuten gefärbten Eiern ein Hase aus rotem Zucker. Was für eine Freude! Am zweiten Feiertag wurden die Onkel und Tanten besucht, die in der Gegend wohnten. Meistens kam da noch der eine oder andere Zuckerhase dazu. Exemplare aus Schokolade waren damals weithin unbekannt.

Opa Seifermann konnte sich noch gut daran erinnern, wie sorgsam jedes der Geschwister seine Schätze in einem ausgedienten Schuhkarton versteckte. Man musste die Schleckereien gut verwalten. Es konnte lange dauern, bis es wieder Nachschub gab.

Nie vergessen hatte Opa Seifermann seinen Kommuniontag. Der Krieg war gerade mal acht Jahre vorbei, als der kleine Robert seine Erstkommunion feiern durfte. Zu so einem wichtigen Tag gehörte natürlich ein großes Fest. Die ganze Verwandtschaft war da, sogar die hochbetagte Urgroßmutter. Man hatte extra das Wohnzimmer ausgeräumt, damit alle Platz fanden. Die Mutter hatte alles auf den Tisch gezaubert, was an Vorräten da war. Dazu

Rechte Seite: Ein Dreirad zum Geburtstag, was für ein Glück! Da darf auch der Nachbarsjunge Trittbrettfahrer spielen.

hatte sie in der Metzgerei Fleisch für einen gemischten Braten erstanden. Die ganze Gesellschaft war zufrieden.
Nach dem Essen durfte das Kommunionkind Robert seine Geschenke auspacken, die er von den Verwandten und aus der Nachbarschaft bekommen hatte. Es waren sieben Sammeltassen und fünf Alpenveilchen dabei. Nicht gerade beglückend für einen Buben! Doch es gab noch ein Buch und von der Patin die erste Armbanduhr zum Aufziehen, eine gebrauchte, wie Robert gleich feststellte. Immerhin wusste er jetzt immer, was die Stunde geschlagen hatte.

Im Damensitz auf dem Oldtimer-Dreirad, dazu auch noch lächeln. Und das alles für den Fotografen!

Still erleuchtet jedes Haus

Opa Seifermann konnte sich an viele Geschichten erinnern, wenn er im alten Lesebuch aus seiner Schulzeit blätterte, und besonders an die Gedichte, die man als Schulkind damals alle auswendig lernen musste. Sie waren nach Jahreszeiten geordnet. Da es in diesen Tagen auf Weihnachten zuging, suchte er nach dem Gedicht, das er als Schüler einmal bei einer Weihnachtsfeier vortragen durfte. Es stammte aus der Feder des Dichters Joseph von Eichendorff (1788 bis 1857).

Das Gedicht hieß »Weihnachten«. Opa Seifermann hatte die Seite aufgeschlagen und sah im Geiste den aufgeregten Buben auf der Bühne stehen, spürte, wie ihm die Knie zitterten und wie er beim Aufsagen fürchtete, dass es das Publikum in den ersten Reihen merken könnte. Aber es war alles gut gegangen, und der Applaus hatte die innere Anspannung wieder gelöst. Opa Seifermann musste schmunzeln, als er daran dachte. Noch heute kannte er die vier Strophen auswendig:

Markt und Straßen stehn verlassen,
still erleuchtet jedes Haus,
sinnend geh ich durch die Gassen,
alles sieht so festlich aus.

An den Fenstern haben Frauen
buntes Spielzeug fromm geschmückt,
tausend Kinder stehn und schauen,
sind so wunderstill beglückt.

Und ich wandre durch die Mauern
bis hinaus ins freie Feld.
Hehres Glänzen, heil'ges Schauern!
Wie so weit und still die Welt!

Sterne hoch die Kreise schlingen,
aus des Schnees Einsamkeit
steigt's wie wunderbares Singen.
O du gnadenreiche Zeit!

Und zwei »Kinder stehn und schauen, sind so wunderstill beglückt«. Hoppla! Eine Puppe steht Kopf.

Opa Seifermann dachte daran, wie er und seine Geschwister an Heiligabend es kaum erwarten konnten, bis es dunkel wurde. Bei Einbruch der Dämmerung ging Papa mit ihnen *durch die Gassen mit den still erleuchteten* Fenstern zum alten gotischen Rathaus, wo ein riesiger Lichterbaum das Weihnachtsfest ankündigte. Die Musikanten der Stadtkapelle spielten, in dicke Mäntel gehüllt, die bekannten weihnachtlichen Weisen. Zum Schluss erklangen »Stille Nacht« und »O du fröhliche«. Jetzt hieß es für die Geschwister, nichts wie schnell nach Hause! Sie mussten in der Küche warten, bis das silberne Glöckchen des Christkinds das Zeichen für die Bescherung im Wohnzimmer gab. Dass es Mama war, die das Glöckchen betätigte, merkten sie erst mit den Jahren, aber das tat der Freude keinen Abbruch.

Papa setzte sich ans Klavier, und fröhlich klangen die Lieder von der gnadenbringenden Weihnachtszeit hinaus in die sternenfunkelnde Christnacht.

Wenn dann das Jesuskind aus Wachs in die Krippe im Stall zu Ochs und Esel gelegt worden war, kam endlich die Stunde der Bescherung. Viele Geschenke gab es nicht in den Jahren der Nachkriegszeit, aber genug, um Kinderherzen glücklich zu machen: warme Sachen für den Winter, ein kleines Spielzeug und einen bunten Pappteller mit herrlich duftenden Lebkuchen, Springerle, Buttergebäck, Spritzgebackenem, Zimtsternen, ein paar Feigen, Nüsse und etwas Schokolade.

Und was gab es an Heiligabend zu essen? Würstchen mit Kartoffelsalat und Feldsalat, eine einfache, aber recht schmackhafte Mahlzeit! Opa Seifermann dachte an das kommende Weihnachtsfest. Die Gesichter seiner Enkelkinder sähen mit den Geschenken von damals bestimmt nicht sehr glücklich aus, aber Würstchen mit Kartoffelsalat aßen sie auch heute noch gern!

»Markt und Straßen stehn verlassen«, dafür strahlt der Weihnachtsbaum am Schramberger Rathausplatz im Lichterglanz.

Die scheinheiligen drei Könige

Ein alter Kupferstich ließ Opa Seifermann beim Blättern im Lesebuch seiner Schulzeit schmunzeln. Er zeigte drei seltsam gekleidete Burschen mit Kronen auf dem Haupt. Einer trug einen Rucksack, ein anderer ein Zepter und der dritte einen Stern auf einem langen Stab. Lustig war der Vers, der oben auf dem Bild mit alten Schriftzeichen zu sehen war:

Die heilgen 3 König mit ihrem
Stern, sie essen, sie trinken und
bezahlen nicht gern.

Die Geschichte dazu hieß »Der Dreikönigstraum« und stammte aus der Feder des Pfarrers und Schriftstellers Albert Krautheimer (1905 bis 1966). Sie handelte von einem Jungen namens Peter, der im Traum drei als Könige verkleideten Burschen begegnet, deren Verhalten aber alles andere als königlich ist.

Opa Seifermann erinnerte sich an seine Ministrantenzeit in St. Peter und Paul, als er selber als König Balthasar mit den anderen Messbuben an den Abenden zwischen Weihnachten und Dreikönig von Haus zu Haus zog und den Menschen darin die Botschaft vom neugeborenen Jesuskind in Versform vortrug. Damit die Gruppe noch imposanter wirkte, waren neben den drei Weisen aus dem Morgenland, dem Kaspar, Melchior und Balthasar, auch noch König Herodes, ein Schriftgelehrter und ein Sternträger dabei.
In farbenprächtige Gewänder gehüllt, Kronen aus Pappe und Goldpapier auf dem Haupt, mit rußgeschwärzten Korken Schnurrbärte ins Gesicht gemalt, konnten sie sich schon sehen lassen. Das Tüpfelchen auf dem »i« aber war der Stern mit dem langen Schweif, aus Sperrholz ausgesägt und mit Goldpapier beklebt. In der Sternmitte hatten die Buben eine Fassung mit einem Taschenlampenbirnchen montiert, von wo aus eine mit Papierstreifen verdeckte Leitung hinab zum Sternträger führte. Der hatte eine Batterie, deren Strom ab und zu das Lichtlein oben speiste und bei den Zuschauern ein »Ah« und »Oh« auslöste, vor allem bei den Kindern.

Gold, Weihrauch und Myrrhe hatten die Sternsinger nicht zu bringen, sie waren schließlich nicht so reich wie echte Könige, dafür hatten sie aber eine

Rechte Seite:
König Herodes mit dem Stern zwischen Kaspar, Melchior, Balthasar und dem Schriftgelehrten bei einem Hausbesuch.

UHU

Linke Seite: Auch in der winterlichen Schwanenstraße in Bühl waren die Sternsinger unterwegs. Im Hintergrund das Rathaus und der Turm von St. Peter und Paul.

Opferbüchse dabei für die erbetenen Geldspenden, die der Mission oder anderen guten Zwecken zukommen sollten. Auch eine große Tasche führten sie vorsorglich mit, wenngleich davon in der Bibel ebenfalls nichts stand, aber auch ein König freut sich mal über ein paar Plätzchen, einen Apfel, eine Tafel Schokolade oder gar eine Orange, zumal die Kinder in der Nachkriegszeit damit nicht gerade gesegnet waren. Und wenn manch Erwachsener nicht recht wusste, ob er Geld oder Essbares geben sollte, waren die Messbuben immer einhellig fürs Essbare, das durften sie nämlich unter sich verteilen.

So zogen sie von Haus zu Haus, jede Gruppe hatte ihr bestimmtes Gebiet, und wenn sich eine Tür öffnete, sangen sie: »Nun sehet den Stern, den wir bringen, ein Licht aus der heiligen Nacht …«, und dabei blinkte der besungene Stern auf, wobei es manchmal auch eines Schubses für dessen Träger bedurfte, wenn er allzu gierig auf die Gaben auf dem Tisch lugte und seinen Einsatz verpasste.
Darauf stellte sich Herodes vor: »Ich bin König Herodes, Vierfürst von ganz Galiläa«, und er wunderte sich, dass er nichts von einem neugeborenen Knäblein gehört hatte, das die drei Weisen anbeten wollten.
»König Kaspar bin ich genannt, ich komme aus dem Morgenland, ich bin gekommen, das neugeborene Kind aufzusuchen und es anzubeten.«
So äußerten sich alle drei Könige, und der Schriftgelehrte las dann noch die bekannte Weissagung »Du Bethlehem im Lande Juda …« vor, ehe der Vortrag mit einem Neujahrslied und guten Wünschen endete.

In ein Haus ging Robert besonders gern, erinnerte er sich. Die Stadt gehörte nach dem Krieg zur französischen Besatzungszone, und auch später wohnten noch viele französische Familien hier. Sie hatten manche Köstlichkeiten, die von Kindern besonders begehrt waren: Schokolade, Orangen, Kaugummi. Nun, in besagtem Haus wohnte solch eine französische Familie. Als der Vortrag der Sternsinger zu Ende war, fragte die Madame: »Wer sein Balthasar?«
Vielleicht hatte ihr Großvater so geheißen oder eine ehemals große Liebe, wer weiß? Glücklicherweise war Robert dieser Balthasar und bekam so zusätzlich eine Kostbarkeit ab.

Von diesen Vergünstigungen mussten auch die Messdiener vom nahen Kloster Maria Hilf Wind bekommen haben, denn eines Abends erfuhren Robert und seine Kameraden zu ihrem Schrecken in manchem Haus, wo sie sonst üblicherweise einiges bekamen, es seien schon andere vor ihnen da gewesen.

Nun hieß es aufgepasst! So schnell wollten sie sich den verdienten Lohn nicht abjagen lassen.
Am anderen Tag hatte Roberts Gruppe viel zu tun. Es galt nämlich, Holzschwerter zu schnitzen. Heilige Könige hin oder her, zu einem tüchtigen König gehörte nach ihrer Ansicht ein Schwert. Und so zogen am nächsten Abend plötzlich von Waffen im Gürtel strotzende Heilige samt Gefolge durch die Straßen. Der Stern hätte wohl am liebsten seinen leuchtenden Schweif eingezogen vor Scham über so viel Scheinheiligkeit, aber er war ja nur aus Sperrholz, und das war nicht elastisch genug. So ausgestattet legten sie sich am Klosterweg auf die Lauer. Es kam, was kommen musste. Kaum tauchten die falschen Heiligen im Torbogen auf, als auch schon ein vielstimmiger Schrei die nächtliche Stille zerstörte: »Los, auf sie, gebt's ihnen!«
Und dann hob ein Lärmen und Toben an, Holz splitterte, die Schwerter krachten auf alles, was sich bewegte, sogar der Stern musste herhalten und sauste in regelmäßigen Abständen auf die Eindringlinge nieder.

Schließlich hatten Robert und seine »Waffenbrüder« gesiegt, gut gerüstet wie sie waren, und heulend zogen die Geschlagenen von dannen.
»Das sagen wir der Oberin«, maulten sie noch, aber sie hatten genug und ließen sich nicht mehr in fremdem Revier blicken.
Seitdem zog Roberts Gruppe wieder friedlich durch die Straßen, der reparierte Stern mit neuem Lichtschein blinkte wie ehedem, aber vorsichtshalber hatten sie sich neue Schwerter besorgt. Man konnte ja nie wissen, welche Heiligen ihnen noch begegneten.

Das Riesen-Messbuch

Opa Seifermann legte sein altes Lesebuch aus seiner Schulzeit für einen Augenblick zur Seite und hing seinen Erinnerungen nach. Elf Jahre lang war er Messdiener in St. Peter und Paul gewesen und hatte dabei allerhand erlebt. Am Anfang war das alles nicht so leicht für den kleinen Robert.

Als Kind war er ziemlich klein und schmächtig. Und so war es für ihn nicht ganz einfach, beim Ministrieren in der Kirche die passenden Gewänder zu finden. Zunächst galt es einen Rock anzuziehen, der je nach Tagesheiligem oder -anlass rot, grün, violett oder schwarz war und der meistens so groß ausfiel, dass er trotz Hochziehens

Ministranten in »voller Montur« bei einer Prozession vor der Kirche in Bühl-Eisental.

Ministranten von St. Peter und Paul im »Freizeitlook« mit ihrem Kaplan vor dem Pfarrhaus. In Opa Seifermanns Kindheit waren da nur Buben dabei.

bis unter die Arme bei jedem Schritt drauftrat. Darüber kam ein weißes, mit Spitzen verziertes Hemd, dessen Ärmel hochgekrempelt werden konnten, um die Hände für die notwendigen Verrichtungen am Altar frei zu haben. Als Krönung vervollständigte ein Kragen in der Farbe des Rockes das Gewand. Man kann sich nun leicht vorstellen, wie schwer es für einen so kleinen Kerl wie Robert war, ohne zu stolpern auch nur geradeaus zu gehen.

Nun hatten die Altäre damals sehr viele Stufen, und es galt auch die Pflicht, immer vor dem Tabernakel mit den heiligen Gefäßen eine Kniebeuge zu machen. Fast jedesmal tappte man dabei auf seinen langen Rock, was sich beim Erheben in schwer auszubalancierenden Gleichgewichtsstörungen bemerkbar machte. Und zu allem Übel lauerte auf dem hohen Altartisch ein Riesen-Messbuch, alt, ehrwürdig, mit enormem Gewicht. Es thronte auf einem wuchtigen Holzständer in für den Knaben schwindelnder Höhe und wartete darauf, nach der Lesung von rechts zum Evangelium nach linksaußen geschleppt zu werden. Erschwerend kam hinzu, dass das Buch nicht immer in der Mitte aufgeschlagen war, sondern oft ziemlich weit vorne oder hinten, so dass die Teile nicht gleichmäßig verteilt waren.

So sah es auch aus, als Robert sich daranmachte, dieses Monstrum auf seinen gewohnten Weg zu befördern. Todesmutig näherte er sich also von rechts mit einer ehrfürchtigen Verbeugung dem Altar, atmete noch einmal tief durch und packte dann das Ungetüm mit der aufgeschlagenen Lesung aus der Apostelgeschichte mit einem gewaltigen Ruck. Das Buch mit dem dicken Ledereinband und dem verblichenen Goldschnitt wackelte leicht, hielt aber dem Versuch stand, ihn zu blamieren. Links am Ständer vorbeischielend, tastete er sich Stufe um Stufe hinab, um unten in der Altarmitte die obligatorische Kniebeuge zu machen. Wieder rutschte das Buch leicht zur schwereren Seite, was ihn nun doch ins Schwitzen brachte. Trotzdem mogelte er sich die Stufen zur Evangelienseite hoch. Auch das war geschafft. Erleichtert atmete der Messbub durch. Zentnerweise fielen ihm die Steine vom Herzen; noch eine letzte Anstrengung und – da passierte es!
Die Konzentration hatte der Freude über das vermeintlich gelungene Werk Platz gemacht, und beim Versuch, den Ständer samt Buch auf dem Altartisch zu platzieren, rutschte der ganze Aufbau hinunter, und polternd fielen die lateinischen Messgesänge die Stufen hinab, dass es im Kirchenschiff mit den lautlos harrenden Gläubigen nur so dröhnte.

Am liebsten wäre der Knabe in den Boden versunken, aber es war keine Luke da, die sich aufgetan hätte. Nur der Mesner glotzte drohend aus der Sakristeitür, und der Pfarrer bemühte sich murrend, seine lateinischen Evangelienverse wieder zu ordnen. Robert war froh, als es bald mit dem »Dominus vobiscum« weiterging, wobei ihm das »Et cum spiritu tuo« noch recht verdattert über die Lippen kam.

Der Schrei in der Trauermette

Auch eine weitere Geschichte kam Opa Seifermann in den Sinn. Er dachte an die Trauermetten, die es in seiner Jugendzeit in St. Peter und Paul in der Karwoche gab. Bei den Buben sehr begehrt war das Ministrieren bei den Trauermetten, dauerten sie doch oft bis spät in die Nacht hinein. Da durfte man lange aufbleiben, und das war für Kinder immer am wichtigsten, früher wie heute. Die zweite Attraktion dabei war das Bedienen der hölzernen Klappern, die in der Zeit vom »Gloria« des Gründonnerstags bis zum »Gloria« des Karsamstags die üblichen Schellen am Altar ersetzten.

Trauermette nannte man das nächtliche Chorgebet der Kirche, das in drei Nokturnen (Nachtwachen) eingeteilt war und an den Vorabenden vor Gründonnerstag bis Karsamstag gehalten wurde. Erhebend waren für Robert die Klagelieder des Propheten Jeremias, die von Mitgliedern des Kirchenchors einzeln im tiefsten Bass von der Orgelempore herab durch die ins Dunkel gehüllte Kirche hallten und nach dem hebräischen Alphabet geordnet waren.

Dabei stand vor dem Hochaltar ein riesiger Leuchter, dessen fünfzehn Kerzen beiderseits treppenförmig nach oben führten. Der Oberministrant löschte während der feierlichen Liturgie an genau vorgeschriebenen Stellen der Ge-

In Opa Seifermanns Kindheit gab es in der Karwoche auch in der Heilig-Geist-Kirche in Schramberg Trauermetten.

bete und Gesänge immer wieder ein Lichtlein, von unten nach oben, bis schließlich nur noch die Kerze oben an der Spitze des Leuchters übrig blieb. Diese nahm er dann herab, alle Lampen wurden gelöscht, und der Oberministrant ging nun stolz gemächlichen Schrittes mit diesem letzten, einsam brennenden Lichtlein hinter dem Hochaltar herum, um es anschließend wieder auf seinen Platz zu stecken.

An einem dieser Abende hatte Robert Dienst. Und zwar durfte er die bereits erwähnten Klappern bedienen, just in dem Moment, als der Oberministrant den besagten Gang zu tun hatte. Es lief anfangs auch alles wie gewohnt ab. Die Lichter erloschen, und das einsame Kerzlein wanderte seinen üblichen Weg, während die beiden Holzklappern dazu betätigt wurden. Auf einmal, das Licht war gerade hinter

Durch die Gasse hinunter zur Kirche St. Maria in Schramberg. Hier durfte Robert ab und zu ministrieren. Opa kannte den Mesner gut.

dem Altar verschwunden, tat es einen Schrei, gefolgt von einem lauten Gepolter und totaler Finsternis. Dann – atemlose Stille! Der Mesner fuchtelte mit einer Taschenlampe, und hervor kroch ein kreidebleicher Oberministrant mit einem erloschenen Kerzlein. Nichts war mehr zu sehen von seinem hochnäsigen, aufrechten Gang, die Wut über das Missgeschick stand ihm ins Gesicht geschrieben.

Wer aber den Holzprügel, den der Mesner später hinter dem Altar hervorholte, dort hingelegt hatte, ist bis heute nicht heraus.

Erhebe dich, du schwacher Geist!

In der Karwoche gab es für die Messbuben von St. Peter und Paul immer viel zu tun. In dieser Zeit schwiegen nicht nur die Glocken vom Gründonnerstag bis zum Karsamstag, auch sämtliche liturgischen Gewänder und Geräte wurden zum Osterfest gereinigt. Dabei waren die Messdiener voll in Aktion, vor allem, wenn es galt, die Kelche, Leuchter und Kruzifixe mit Politur und Tüchern auf Hochglanz zu bringen. In Roberts Jugendzeit war es nur dem Priester erlaubt, diese Gefäße und Gegenstände mit seinen geweihten Händen anzufassen, Mesner und Ministranten mussten dazu ein weißes Tuch nehmen. Beim Putzen aber durften sie nach Herzenslust zupacken, da schien die Heiligkeit dieser Sachen auf einmal verschwunden zu sein. Ab Ostern waren diese aber für sie wieder sakral bis zur nächsten Karwoche.

Diese Zeit vor Ostern war von vielen Aktivitäten geprägt. Tägliche Gottesdienste, Trauermetten und Ministrantenproben ließen keine Langeweile aufkommen. Die feierlichen Liturgien dauerten damals viel länger als heute und wurden überwiegend in lateinischer Sprache abgehalten, was die Mitwirkung des Kirchenvolkes verständlicherweise

Jeden Tag harte Arbeit in der Landwirtschaft!
In der Karwoche ging es ruhiger zu.

Auch die Natur trauert: ein abgestorbener Baum auf einer Streuobstwiese in den Vorbergen des Schwarzwaldes.

Im Weinberg gab es auch in Opa Seifermanns Kindheit immer viel zu tun. Doch in der Karwoche ruhte die Arbeit.

einschränkte und dieses oft in Ehrfurcht erstarren ließ.

Das ging den Messbuben nicht anders. Doch auf den Karfreitag freuten sie sich besonders. Da standen während der langen Liturgie die Großen Fürbitten auf dem Programm, die vom Pfarrer, dem Kaplan und einem pensionierten Geistlichen aus dem Altersheim, wie man damals diese kirchliche Einrichtung nannte, abwechselnd gesungen wurden, auf Lateinisch natürlich.

Nach jeder Bitte sang der Pfarrer laut »Oremus« (Lasset uns beten), und der Kaplan ergänzte »Flectamus genua« (Beuget die Knie). Darauf knieten alle nieder und verharrten in stillem Gebet. Nach einer Weile erlöste sie dann der dritte Geistliche mit seinem näselnd gesungenen »Levate« (Erhebet euch).

So weit, so gut! Da gab es nur ein Problem. Der alte Herr aus dem Veronikaheim hatte beim Erheben solche Mühe, dass ihn Pfarrer und Kaplan nur mit vereinten Kräften in die Höhe ziehen konnten.

»Erhebe dich, du schwacher Geist!«, hätten die Messbuben am liebsten gesungen, doch sie wussten nicht die lateinische Version davon.

Aber dieses mühsame Auf und Ab war für die Knaben ein köstliches Vergnügen. Trotz der Trauerliturgie konnten sie sich ein leichtes Grinsen nicht verkneifen und lauerten mit diebischer Freude auf den nächsten der insgesamt zehn Kniefälle.

Nöte im Heu

Opa Seifermann dachte an seine Kindheit in der Nachkriegszeit, in der sich kaum jemand eine weite Urlaubsreise, wie sie heute oft üblich sind, leisten konnte. Zum Glück gab es ab und zu einen Ministrantenausflug mit dem Kaplan. Einer davon führte nach Frankfurt, wo die muntere Schar den Flughafen und den Zoo besichtigte. Da die Strecke weit war, für viele Kinder damals eine halbe Weltreise, übernachteten die Ausflügler außerhalb der Stadt auf einem Bauernhof. Der Eigentümer kannte wohl den begleitenden Kaplan oder war sonst der Kirche allgemein oder den Messdienern besonders gut gesinnt, jedenfalls stellte er ihnen seinen Heuboden zur Verfügung, wo sich die Buben alsbald mit Sack und Pack breitmachten.

Bei Einbruch der Dunkelheit erzählten sie sich gegenseitig Gespenster- und Gruselgeschichten, die es ihnen bald unmöglich machten, an einen wohlverdienten Schlaf zu denken. Das Heu tat ein Übriges. Es stupfte und stachelte, wie man sich auch drehen und wenden wollte. Doch mit der Zeit fielen auch dem Muntersten die Augen

Bei der Heuernte half die ganze Familie mit, auch die Kinder.

Heuernte auf den »Landmatten«: in Opa Seifermanns Kindheit alles in Handarbeit! Da war kräftiges Zupacken gefragt.

zu. Und bald zeugte ein allgemeines, vielstimmiges Schnarchen von zufriedenen Ministranten, bis, ja, bis Robert plötzlich aufwachte. Es war stockfinster, und er verspürte in der Blase einen kräftigen Druck, sicher von der ungewohnt vielen Limonade des Vortags.

Was tun? Eine Taschenlampe hatte er keine, Lärm zu machen getraute er sich nicht, der Kaplan übernachtete im Bauernhaus, und ein Ausgang war nirgends zu entdecken. Nach unten führte nur eine schmale Leiter, die der Knabe in der Dunkelheit nicht finden konnte. Also blieb ihm nur eines übrig. Er schlich langsam auf allen vieren an die Stelle, wo er glaubte, dass dort das Dach an die Mauern stieß. Hier müsste doch ein Spalt sein, um seine Nöte zu lindern. In der Dunkelheit war nichts zu erkennen, aber Robert konnte nicht mehr anders. Erleichtert kroch er den Weg zurück, hier und da einen anrempelnd, der dann im Traum knurrte. Zufrieden wickelte er sich wieder in seine Decke ein und dämmerte dem nahen Morgen entgegen.

Bald reckte sich der eine und streckte sich der andere, und im Nu war der ganze Haufen munter. Kaum blinzelten die Buben in den neuen Tag hinein, als plötzlich der stämmige, pausbackige Rudi aufheulte:
»Wieso ist denn meine Decke da unten so nass?«
Und bei genauerem Betrachten dann schrie: »Wer war die Sau? Da hat doch einer auf meine Decke gepisst!«
Nun war ein Hallo zu hören! Alles lachte und lärmte los. Der Kaplan kam gelaufen und meinte, es sei vielleicht etwas Schreckliches passiert. Aber er hatte sich umsonst so schnell in die Kleider geworfen. Er wusste auch nicht, wie das Malheur geschehen war. Und Robert war wohlweislich still. Er hatte da so eine Ahnung.

Der Friedhofssturm

Die Zeit als Ministrant in St. Peter und Paul brachte viele Erlebnisse mit sich, an die Opa Seifermann heute noch gern zurückdachte. Dazu gehörten auch die Beerdigungen, bei denen fünf Ministranten gebraucht wurden, drei für Rauchfass, Weihrauchschiffchen und Weihwasser, einer für das Kreuz und einer für die große Fahne. Für den Dienst gab es zusammen drei Mark. Je fünfundzwanzig Pfennig bekamen die drei mit den leichteren Geräten, fünfundsiebzig Pfennig fielen für den Kreuzträger ab, und der Rest von einer Mark fünfzig stand dem mit der Fahne zu, der ja auch eine beträchtliche und nicht ganz ungefährliche Last zu tragen hatte.

Eines Tages hatte der vorgesehene Fahnenträger abgesagt, und so war Robert eingesprungen, da er nahe bei der Kirche wohnte. Doch der Mesner blickte recht skeptisch drein, als sein Blick auf die dünnen Ärmchen des Knaben fiel.

»Mit dem Fahnetragen wird's wohl nichts werden«, meinte er, »zumal der Wind heute nicht gerade zahm ist!«

Robert aber dachte an die eine Mark fünfzig und versprach, sich hoch aufrichtend, das Ding schon zu schaffen.

Auf dem Weg zum Friedhof nahm der Wind immer mehr zu, die Wolkenberge jagten nur so dahin, dem Buben wurde bang und bänger, aber aufgeben, sich auslachen lassen? Nein, das durfte nicht sein!

Die Trauerfeierlichkeit begann. Wie immer hatten sich Kreuz und Fahne nebeneinander am offenen Portal der Friedhofskapelle aufgestellt. Der Wind hatte sich mittlerweile zum Sturm entwickelt, jedenfalls schien es Robert so. Die Fahnenstange hatte er zwischen die Schenkel geklemmt, und mit beiden Händen hielt er das Fahnentuch krampfhaft fest.

»Nur nicht loslassen«, pochte es in seinem Hirn, »nur das nicht!«

Der Kreuzbub neben ihm sah den Fahnenträger angstvoll an, oder war es schon so was wie eine Vorahnung?

Plötzlich fegte eine Stumböe heran. Der Pfarrer hatte gerade den Satz angefangen:

»Aus den Tiefen rufe ich, Herr, zu dir«, da passierte es.

Robert konnte das Segel in seinen Fäustchen nicht mehr länger halten, und mit einem furchtbaren Schlag donnerte er samt Fahne mitten in die Trauergemeinde hinein. Der Gang war Gott sei Dank leer, sonst hätte er womöglich jemanden mit dem Geschoss erschlagen. Ein Aufschrei ging durch das Volk, als wäre der Leibhaftige selbst hereingefahren. Der Mesner sauste herbei und maulte:

»Du Saubub! Hab' ich's doch gleich geahnt!«

Markante Türme im Bühler Stadtbild der 50er Jahre: St. Peter und Paul (kath.) und St. Johannes (ev.), dazwischen der gotische Rathausturm.

Auf dem Weg nach Bühl-Kappelwindeck: Die Treppe führte hoch zur Friedhofskapelle, wo Robert oft bei Beerdigungen Ministrant war, auch beim Friedhofssturm.

Aber es war halt schon passiert. Der zitternde Knabe durfte während des Friedhofganges in der Kapelle bleiben, während draußen der Stum tobte. Zu seiner Ehre sei erwähnt, dass am nämlichen Tage noch ein Baum entwurzelt wurde. Und seine eine Mark fünfzig bekam er dann doch noch.
Der Schrecken saß ihm aber noch lange in den Gliedern und wahrscheinlich den Trauergästen auch.

Weihwasser für alle

Opa Seifermann konnte sich noch gut an das frühere Bild der Stadt erinnern, in der er aufgewachsen war. Es war von den Türmen der Kirchen geprägt. Herausragend der neugotische Turm von St. Peter und Paul mit dem Storchennest auf der Kreuzblume oben, daneben der gotische Turm der früheren Kirche, der jetzt zum Rathaus gehörte, dazu der Zwiebelturm der barocken Kirche St. Maria und das Kloster Maria Hilf. Der schlanke Turm der evangelischen Johanneskirche vervollständigte damals das Ensemble.

Robert Seifermanns Oma wohnte im Stadtteil Kappelwindeck und ging deshalb in St. Maria zum sonntäglichen Gottesdienst. Wenn Robert bei ihr zu Besuch war, durfte er auch mit.
Damals wirkte dort ein Pfarrer, dessen äußerliche Erscheinung ungewöhnlich war. Sein imposanter Bart reichte bis zum nicht weniger markanten Bauch hinab, den die Soutane kaum verbergen konnte. Und auf dem Kopf thronte ein riesiger, schwarzer Hut mit einer überbreiten Krempe. Dazu besaß er ein Stimmorgan, das ohne Mikrofon bei der Predigt das Kirchenschiff erbeben ließ.

Wehe, ein Ministrant vorne im Chorraum oder ein Bürschchen in den vorderen Bänken störte die Worte des Geistlichen während der Predigt! Flugs eilte er die Stufen von der Kanzel hinab, sauste vor und schüttelte den Störenfried so vehement, dass dieser auf keine dummen Gedanken mehr kam. Dann schritt er die Stufen wieder hoch und setzte seine Predigt fort. Filmreif waren die Szenen allemal!

In dieser bäuerlich geprägten Kirchengemeinde war es seit Generationen Sitte, dass die Männer während der sonntäglichen Messe draußen auf dem Vorplatz unter der mächtigen Linde blieben und sich dort über die tägliche Arbeit und kommunalpolitische Themen unterhielten. Sobald aber die Glocke zur Wandlung läutete, stellten sie sich hintereinander außen an der Kirchenmauer entlang auf, senkten die Köpfe, bekreuzigten sich und verharrten so, bis die Glocke verstummte. Danach kehrten sie zur Linde zurück und setzten ihre Gespräche fort.

Eines Sonntags aber brachte ein auswärtiger Kaplan, der aus dem Norden Deutschlands kam, diese angestammten Privilegien gehörig durcheinander. Wie damals noch üblich, schritt er vor Beginn des Gottesdienstes mit dem Weihwasserpinsel durchs Kirchenschiff, tauchte das Gerät immer wieder in den Weihwasserkessel, mit dem ein

Messdiener nebenhereilte, und teilte den wasserreichen Segen nach allen Seiten aus.

An diesem Tag war es ziemlich heiß, und so stand das Kirchenportal weit offen. Als der Kaplan hinten angekommen war und durch die offene Tür die Bauern draußen erblickte, schritt er ohne zu zögern hinaus, spritzte das kühle Nass über ihre Köpfe hinweg und rief: »Auch für euch, meine Söhne, hat der Gottesdienst begonnen!«

Die Bauern waren so verblüfft, dass es ihnen für den Rest der sonntäglichen Messe die Sprache verschlagen hatte. Dafür ging es dann im Wirtshaus anschließend umso lebhafter zu.

Der Platz mit der denkmalgeschützten Linde vor der Kirche St. Maria, wo ein auswärtiger Kaplan aus dem Norden die Privilegien der männlichen Gottesdienstbesucher gehörig ins Wanken brachte.

Die Rose von Jericho mit Autogramm

Als Opa Seifermann beim Blättern im alten Lesebuch die Seite 56 aufschlug und dort das »Kaschubische Weihnachtslied« von Werner Bergengruen entdeckte, musste er schmunzeln. Er konnte sich noch gut erinnern, wie er damals in der vierten Klasse keinen blassen Dunst hatte, was bei einem Weihnachtslied kaschubisch sein sollte. Aber wozu geht man

Hauptstraße in Schramberg.

in eine Schule? Zum Glück wusste sein Lehrer etwas mehr darüber.
So erfuhr der Viertklässler Robert, dass mit dem Kaschubenland die Kaschubei gemeint war, eine Region westlich und südwestlich von Danzig gelegen. Die Eltern des Dichters, der 1892 in Riga geboren wurde, lebten zeitweise in Danzig und hatten dort ein kaschubisches Hausmädchen. Aufgrund ihrer Erzählungen soll das Gedicht 1927 entstanden sein.

Die erste Strophe kannte Robert Seifermann noch auswendig:

Wärst du, Kindchen,
im Kaschubenlande,
wärst du, Kindchen,
doch bei uns geboren!
Sieh, du hättest nicht
auf Heu gelegen,
wärst auf Daunen weich
gebettet worden.

Rathausplatz in Schramberg. Roberts Ferienlektüre in dieser Schramberger Zeit: Werner Bergengruens Roman »Der Großtyrann und das Gericht«.

Sieben Strophen standen im Lesebuch und berichteten, wie gut es das neugeborene Kind im Kaschubenland gehabt hätte, wie die Kaschuben es verehrt, gekleidet und gefüttert hätten.

Heute wusste Opa Seifermann, dass Bergengruens Gedicht eigentlich acht Strophen hatte und in seinem Lesebuch die sechste Strophe fehlte. Dabei fand er gerade diese besonders spannend:

Gänsefleisch und Kuttelfleck,
fette Wurst und gold'nen Eierkuchen,
Krug um Krug das starke Bier aus
Putzig!
Kindchen, wie wir dich gefüttert hätten.

Wieder musste Opa Seifermann schmunzeln. Man musste sich das mal vorstellen. Ein solches Essen für ein neugeborenes Kind und dazu noch ein paar Krüge Starkbier! Und das in einem Lesebuch der vierten Klasse! Undenkbar.

Werner Bergengruen starb 1964 in Baden-Baden. Opa Seifermann erinnerte sich, dass er ihm wenige Jahre davor noch bei einer Lesung begegnet war. Robert war da in der Oberstufe des Gymnasiums. Im Deutschunterricht hatten sie den Roman »Der Großtyrann und das Gericht« gelesen, ein bedeutendes Werk Bergengruens aus dem Jahr 1935. Zusammen mit dem Deutschlehrer hatte die ganze Klasse die Lesung in der Aula der Handelslehranstalt besucht.

Zum Abschluss signierte der Schriftsteller die Bücher, die vom Publikum dort gekauft werden konnten. Da Robert Seifermann außer dem Eintrittsgeld keinerlei Bares dabei hatte, bekam er von seinem Deutschlehrer ein dünnes Gedichtbändchen des Dichters geschenkt. Opa Seifermann hatte es heute noch im Bücherschrank stehen: »Die Rose von Jericho«, natürlich mit persönlichem Autogramm des Dichters!

Ein Ferrari zum Aufziehen

In den Jahren nach dem Krieg gab es in Deutschland vier Besatzungszonen der Siegermächte USA, Sowjetunion, Großbritannien und Frankreich. Robert Seifermann wuchs in der französischen Zone auf. In der Stadt waren nicht nur die Kasernen der stationierten Soldaten, sondern auch viele Häuser, in denen ihre Familien wohnten. Das brachte für manche deutschen Kinder ab und an Vorteile.

Jedes Jahr zwischen Weihnachten und Dreikönig zogen die Sternsinger von Haus zu Haus, sagten ihre Sprüche auf,

Ein Ferrari ist auf diesem landwirtschaftlichen Hof nicht zu sehen. Dafür ein alter Traktor, der mit den Jahren die Pferde und Kühe als Zugtiere ersetzte.

malten das *C+M+B* über die Eingangstür und sammelten Geld für noch ärmere Kinder auf der Welt. Oft gab es auch etwas Obst oder ein paar Süßigkeiten für die umherziehende Gruppe, was dann anschließend unter den Teilnehmern verteilt wurde. Robert und seine Brüder waren auch dabei.

Von den französischen Familien gab es manchmal ganz begehrte Dinge wie Orangen oder Kaugummis. Raritäten damals für Buben wie Robert!

Und dann war da noch das Rennauto, ein roter Ferrari zum Aufziehen, den Robert eines Tages glückselig vom französischen Weihnachtsmann in Empfang nehmen durfte. Jedes Jahr in der Adventszeit wurden vom französischen Militär ein paar Kinder aus nicht so begüterten deutschen Familien ausgewählt und zu einer Weihnachtsfeier in die Stadthalle eingeladen. Dort wurde zunächst ein unterhaltendes Programm geboten, bevor dann endlich

Es muss nicht unbedingt ein Ferrari sein: Diese tollen Oldtimer aus Opa Seifermanns Kindheit sind auch nicht zu verachten.

der ersehnte Weihnachtsmann auftrat. Für jedes Kind hatte er ein Geschenk dabei.

Robert bekam einen Ferrari zum Aufziehen. Er konnte es kaum erwarten, bis er das Blechspielzeug daheim durch die Wohnung sausen lassen konnte. Das war eine Aufregung und ein Hallo! Bei den Seifermanns war an diesem Tag richtig Leben in der Bude. Robert und seine Geschwister hatte das Rennfieber gepackt. Zum Glück war Vater bei der Arbeit.

»Überdreht aber die Feder nicht!«, mahnte die Mutter immer wieder. »Wenn sie kracht, ist es aus mit eurem Rennglück!«

Lange ging alles gut. Ja, bis die Verwandtschaft zu Besuch kam, darunter der dicke Erwin, der ein paar Jahre älter als Robert war. Natürlich stand der Ferrari gleich im Mittelpunkt des Interesses. Erwin wollte auch mal Rennfahrer spielen.

»Pass aber auf!«, ermahnte ihn Robert. »Überdreh die Aufziehfeder nicht!«

Anfangs hielt sich Erwin zurück. Aber mit der Zeit drehte er jedes Mal ein Stückchen weiter. Und dann passierte es. Ein lautes Knacken, dann war das Rennen zu Ende. Genau wie die Mutter es vorhergesagt hatte.

Opa Seifermann seufzte, wenn er an das schöne Auto dachte. Immerhin hatte er einmal einen Ferrari besessen, wenn auch nur einen zum Aufziehen!

Der Fotoapparat und die dicke Cousine

In Opa Seifermanns Schulzeit durften in keinem Lesebuch die bekannten Verse des Dichters Eduard Mörike, der von 1804 bis 1875 lebte, fehlen. Im Frühling stand zum Beispiel das Gedicht »Er ist's!« auf dem Lernprogramm der Schulkinder. Auch in seinem alten Lesebuch hatte Robert Seifermann es gerade gefunden. Er konnte es heute noch auswendig aufsagen:

Freundlich in die Kamera blicken ist angesagt, auch für den Hund. Nur das Spielzeugauto schaut in die falsche Richtung.

Frühling lässt sein blaues Band
wieder flattern durch die Lüfte;
süße, wohlbekannte Düfte
streifen ahnungsvoll das Land.

Veilchen träumen schon,
wollen balde kommen. –
Horch, von fern ein leiser Harfenton:
Frühling, ja, du bist's!
Dich hab' ich vernommen!

Frühling war es auch, als er damals seinen ersten Fotoapparat erstanden hatte. Ganze dreißig Mark, die er sich durch Zeitungaustragen selbst verdiente, hatte der Kasten gekostet. Für die zum Fotografieren notwendige Papierfilmrolle für acht Schwarz-Weiß-Aufnahmen reichte das Geld nicht mehr. Robert sah die Verkäuferin so lange hilfesuchend an, bis sie ihm ein Exemplar schenkte. Freudestrahlend lief der Knabe mit seiner neuen Errungenschaft nach Hause.

Ein paar Tage später kam eine dicke Cousine zu Besuch. Eigentlich war sie gar keine richtige Cousine, ihre Mutter war die Base von Roberts Vaters, aber wer kennt sich schon mit Verwandtschaften aus? Jedenfalls war sie dick, und Robert sollte ihr die schöne Stadt Baden-Baden zeigen.
Robert war gerade in dem Alter, wo sich richtige Jungen sowieso genieren, mit einem Mädchen gesehen zu werden, und dazu noch mit so einem dicken – klein und schmächtig, wie er damals war. Aber alle Ausreden, von wegen keine Lust und Bauchweh, halfen nichts. So machte er sich halt missmutig mit ihr auf den Weg, natürlich den gebotenen Abstand haltend. Zu allem Unglück hatte er auch noch seinen neu errungenen Fotoapparat mitgenommen. Und jetzt lag sie ihm dauernd in den Ohren, von ihm fotografiert zu werden.

Wieder half alles Wenn und Aber nichts, und so setzte der Knabe sie schließlich, damit er endlich seine Ruhe hatte, in der Lichtentaler Allee an einen Springbrunnen, ging zwanzig Schritte zurück, vielleicht waren es auch vierzig, und betätigte den Auslöser. Jetzt war sie zufrieden. Später, als die Aufnahme entwickelt war, wunderte sie sich allerdings, dass sie so winzig in dem Riesenpanorama dasaß.
Aber was ist schon der Mensch in Gottes gewaltiger Schöpfung?

Linke Seite: Vor dem Aufsteigen noch schnell ein Foto für die Verwandtschaft! Nicht jedes Kind hatte in Opa Seifermanns Kindheit einen Roller mit einer Klingel.

Blinddarm und Äthernarkose

Im alten Lesebuch war auch eine Geschichte mit der Überschrift »Im Krankenhaus« zu finden. Da musste Opa Seifermann sofort an den Sommer 1956 denken, als er mit einer schmerzhaften Blinddarmentzündung im Krankenhaus gelandet war. Damals gab es so ziemlich in jeder Stadt ein Krankenhaus. Und die meisten Krankenschwestern waren Nonnen. So auch in Roberts Heimatstadt. In diesem Krankenhaus hatte er das Licht der Welt erblickt. Damals war noch Krieg. Aber davon bekam er als Kind zum Glück nichts mit.

Jetzt lag er wieder in diesem Haus. Dieses Mal sollte der Blinddarm raus. Opa Seifermann konnte sich noch gut erinnern, wie er an jenem heißen Augusttag Angst vor diesem Eingriff hatte. Man hatte ihm erzählt, was ihn erwartete: Eine Äthernarkose, und dann zählen: 1, 2, 3 … und spätestens bei 15, 16, 17 ins Land der Träume schweben. Und Robert zählte fleißig. Als er bei 43, 44, 45 angekommen war und immer noch nicht schlief, fühlte er in-

In den Ferien bei den Kälbchen: War doch viel schöner als eine Blinddarmoperation im Krankenhaus, oder?

nerlich eine Panik aufsteigen. Wieso wirkte die Narkose nicht?
Doch irgendwann musste sie ihn doch noch ins Land der Träume befördert haben. Denn als Robert wach wurde, lag er in einem Krankenbett und hatte furchtbar Durst. Opa Seifermann dachte daran, wie es damals war nach solch einer Operation. Drei Tage lang nichts trinken, nichts essen, vierzehn

Opa Seifermann erinnert sich lieber an schönere Zeiten als an die Tage im Krankenhaus. Zum Beispiel, wie die Schramberger Oma mit einem Nachbarskind Fasnacht feierte.

Tage im Bett liegen, in eine Flasche pinkeln und bei Stuhlgang eine Bettpfanne untergeschoben zu kriegen. Heute kaum mehr vorstellbar. Er sah sich noch im Krankenzimmer liegen und wie er vor Durst die Wasserreste aus dem Waschlappen saugte.

Aber auch diese für den Buben schlimme Zeit ging vorüber. Es gab wieder zu trinken und sogar etwas Haferschleimsuppe aus der Schnabeltasse. Nicht gerade Roberts Lieblingsspeise, aber immerhin etwas, das den knurrenden Magen beruhigte.

Und als von Tag zu Tag das Nahrungsangebot etwas abwechslungsreicher wurde, erwachten auch Roberts Lebensgeister wieder. Im Zimmer waren sechs Betten und damit fünf weitere Buben, die dafür sorgten, dass keine Langeweile aufkam. Aufstehen durfte zwar keiner, aber an lustigen Geschichten fehlte es nicht. Zum Glück für alle Buben lag der Sohn des Storchenwirts in Roberts Zimmer. Jeden Nachmittag brachte dessen Mutter in einem Warmhaltegefäß heiße Wiener Würstchen mit, und da fiel für jeden der hungrigen Buben eines ab. Opa Seifermann musste lächeln, wenn er daran dachte. Es waren die besten Wiener Würstchen, die er jemals in seinem Leben gegessen hatte. Da war er sich sicher!

Erdbeeren mit Freddy Quinn

Jedes Jahr im Monat September wurde in der Stadt ein großes Fest gefeiert. Natürlich durfte da der Rummelplatz mit Schießbude, Schiffschaukel, Kettenkarussell und Achterbahn nicht fehlen. Ganz beliebt bei Alt und Jung waren die Autoscooter oder Boxautos, wie sie auch hießen. Fünfzig Pfennig kostete eine Fahrt. Viel Geld für einen Buben wie Robert, zumal

Ein Erdbeerfeld mit Blick auf die Burg Alt-Windeck. Viele Früchte waren zu pflücken. Da hatten die fleißigen Helferinnen keine Zeit für die schöne Umgebung.

Eine wichtige Einnahmequelle in Opa Seifermanns Kindheit waren neben den Erdbeeren und den Reben vor allem die Zwetschgen.

es von daheim kein Taschengeld gab. Eine Mark hatte er dabei, Trinkgeld vom Zeitungaustragen, das er sich gespart hatte. Für zwei Fahrten würde es reichen, überlegte er. Aber dann wäre alles Geld weg.

Also beschloss er, sich mit Zuschauen zu begnügen. Immerhin gab es dazu kostenlose Musik aus den Lautsprechern. Ein Schlager gefiel ihm besonders. Er musste brandneu sein, denn immer wieder war er zu hören: »Brennend heißer Wüstensand, fern, so fern dem Heimatland …«, und dann immer wieder »So schön, schön war die Zeit, so schön, schön war die Zeit …« Ein richtiger Ohrwurm!
»Heimweh«, hieß der neue Song, der Interpret war Freddy Quinn, wie Opa Seifermann von der Dame an der Karussellkasse erfuhr.

An dieses Erlebnis musste Robert wieder denken, als er im Jahr darauf mit Oma auf dem Erdbeerfeld war. Er half ihr beim Erdbeerenernten, die anschließend in kleinen Spankörben zur Sammelstelle transportiert werden mussten. Das gab gutes Geld. Oma war darauf angewiesen. Also pflückte Robert eifrig die roten Früchte. Ab und zu verschwand die eine oder andere Köstlichkeit in seinem Mund. Schließlich musste er ja prüfen, ob die Erdbeeren auch schmeckten.
Plötzlich ertönte aus dem nahen Schützenhaus am Waldrand oben laute Musik. Vielleicht wollte man eine neue Beschallungsanlage für das kommende Schützenfest testen. Jedenfalls erklang in voller Lautstärke der neueste Schlager eines Sängers, den Robert inzwischen bestens kannte: Freddy Quinn und sein Song »Heimatlos«.
»Heimatlos sind viele auf der Welt, heimatlos und einsam wie ich …«
Auch Oma schien das Lied zu gefallen. Jedenfalls hielt sie kurz in ihrer Arbeit inne und meinte: »Der kann aber schön singen.« Und als der Song zu Ende war, sagte sie noch einmal: »War das aber schön!«
Die Leute im Schützenhaus schienen das gehört zu haben. Denn Freddy Quinn legte von Neuem los:
»Heimatlos sind viele auf der Welt, heimatlos und einsam wie ich …«
Dann ein drittes und ein viertes Mal. Immer wieder das gleiche Lied: »Heimatlos sind viele auf der Welt, heimatlos und einsam wie ich …«
Das wurde mit der Zeit selbst Oma zu viel. Leicht genervt schalt sie: »Ja, hat denn der immer noch keine Heimat gefunden?«
Robert Seifermann musste heute noch lachen, wenn er an die Geschichte dachte.

Ein Zehner- oder ein Zwanziger-Eis?

Opa Seifermanns Vater bekam nach dem Krieg eine Anstellung bei einem Zeitungsverlag in der Stadt. Der Verdienst war damals nicht gerade üppig, und so musste Roberts Mutter jede Mark zweimal umdrehen, bevor sie sie ausgab. Wie gut, dass Oma Landwirtschaft hatte! Da gab es wenigstens immer genug Obst und Gemüse, entweder frisch oder aus den Einmachgläsern im Keller.

Jeden Sonntag nach der Kirche kam Oma zum Mittagessen. Für Robert und seine Geschwister war das immer ein Festtag. Das lag am Zehner, den die Kinder von Oma bekamen. Wohlgemerkt, keinen Zehnmarkschein, damals war man mit einem Zehnpfennigstück zufrieden! Für diesen Betrag konnte man sich beim Grafebeck immerhin eine Kugel Eis in einer Waffeltüte kaufen. Und wenn man darauf verzichtete, konnte man sich am nächsten Sonntag für zwei Zehner am Kiosk an der Hauptstraße ein Eis am Stiel leisten. Diese quaderförmige Leckerei gab es in drei Geschmacksrichtungen: Erdbeer, Vanille und Schoko.

Roberts Mutter dachte wahrscheinlich manchmal daran, dass man für

Strahlende Gesichter! Ein Eis schmeckt immer, sogar mit Pflastern auf den Knien.

Am Kiosk an der Hauptstraße gab es in Opa Seifermanns Kindheit Eis am Stiel für zwanzig Pfennig mit Vanille-, Erdbeer- oder Schokogeschmack.

einen Zehner auch eine Brezel hätte kaufen können. Die kostete nämlich damals genauso viel. Und für fünf Zehner hätte es sogar einen Laib Brot gegeben. Doch insgeheim gönnte sie ihren Kindern ihr sonntägliches Eis. Roberts Geschwister rannten meistens gleich los, damit sie ja schnell zu ihrem Eis kamen. Er aber wartete des Öfteren, bis das Geld zu einem Eis am Stiel reichte.

Inzwischen traute er sich wieder hin. Es gab eine Zeit, wo er um den Kiosk einen großen Bogen machte. Der Kioskpächter verstand nämlich keinen Spaß. Die Buben in der Gegend hatten ihn auch oft geärgert, das musste Robert zugeben. Und das hatte mit dem Eis am Stiel zu tun.

Der kleine Robert Seifermann und alle Kinder aus der Nachbarschaft hatten eines Tages herausbekommen, wie sie den Kioskpächter mit einer einfachen Frage zur Weißglut treiben konnten. Es musste nur einer scheinheilig fragen: »Was kostet denn ein Zwanziger-Eis?« Schon fühlte sich der Mann provoziert, sauste zur Hintertür hinaus und verfolgte die davoneilenden Kinder.

»Saubande, elende!«, schrie er dabei und japste hinterher, bis er einsah, dass er keine Chance hatte, sportlich ungeübt, wie er war.

Noch Jahre später musste Opa Seifermann amüsiert daran denken, wenn er am Kiosk vorbeikam. Ob der Pächter wusste, dass er einer dieser Lausbuben von früher war?

Kalter Hund zum Geburtstag

Opa Seifermanns Mutter war nicht nur eine gute Köchin, sie konnte auch wunderbar backen. Wenn die Erdbeeren auf dem Feld reif waren, stand sonntags ein Erdbeerkuchen mit Biscuitboden und Sahne auf dem Tisch. In der Kirschenzeit freute sich Robert auf einen leckeren Kirschkuchen. Kirschen waren sein Lieblingsobst. Und im Herbst gab es am Samstag zum Mittagessen Kartoffelsuppe mit Apfelkuchen.

Ganz berühmt waren auch Mutters Linzer Torten. Da rückte manchmal die ganze Verwandtschaft an, um ein Stück davon abzubekommen. Alle wussten, an Festtagen und besonders in der Weihnachtszeit waren bei Mutter Seifermann immer Linzer Torten

Geschenke zum Geburtstag gab es in Opa Seifermanns Kindheit nur wenige. Dafür war ein Familienausflug auf die Weide umso schöner. Und die Ziege war auch putzmunter.

im Haus. Das Rezept wurde von Generation zu Generation weitergegeben.

Robert Seifermann erinnerte sich an Mutters Backkünste, als er im alten Lesebuch ein Gedicht fand, das er seit seiner Kindheit auswendig hersagen konnte. Damals kannten es alle Kinder:

Backe, backe, Kuchen,
der Bäcker hat gerufen:
Wer will guten Kuchen backen,
der muss haben sieben Sachen:
Eier und Schmalz,
Zucker und Salz,
Milch und Mehl,
Safran macht den Kuchen gel.
Schiebt ihn in den Ofen rein.
Wird doch bald gebacken sein?

Als Kind bekam Opa Seifermann zum Geburtstag immer einen Kuchen mit einem lustigen Namen. Heute musste er schmunzeln, wenn er daran dachte. »Kalter Hund« hieß der. Damals war das Roberts Lieblingskuchen. Er war so herrlich süß! Kein Wunder bei den Zutaten: Kakao, Zucker, Kokosfett, Eier und Butterkekse, dazu Mandeln als Garnierung. Nur schade, dass man nach einer oder zwei Portionen satt war.
Vor ein paar Tagen war Opa Seifermann zum Kaffee eingeladen. Unter dem Kuchenangebot war auch der »Kalte Hund« zu finden. Eigentlich hätte er sich freuen müssen. Aber dann griff er doch lieber beim Kirschkuchen zu. Kirschen waren auch heute noch sein Lieblingsobst.

Ein Familienausflug ganz anderer Art: Papa an der Deichsel als Lenker, Mama an der Bremskurbel und die Kinder frohgelaunt auf dem Karren.

Ein Rabe macht Furore

Eine Geschichte im alten Lesebuch hatte als Überschrift nur ein Wort: »Jakob«. Sie stammte aus der Feder des Dichters Hermann Löns, der von 1866 bis 1914 lebte, und handelte von einem jungen, fast flüggen Raben, den ein Jäger eines Morgens im Heidekraut fand.

»Er nahm ihn mit und verschenkte ihn an Bekannte in der Stadt, die in ihrem

Beim Spielen mit dem Nachbarsjungen ein kritischer Blick nach oben: Ob der gewitzte Rabe Jakob auf dem Balkon wohl sitzen bleibt?

Ein kritischer Blick nach unten: Die Ziege wird doch nicht an meinen Füßen knabbern wollen? Oma wird schon aufpassen!

Garten allerlei Tiere hielten«, las Opa Seifermann und schmunzelte. Er erinnerte sich an all den Unfug, den der gerissene Vogel drei Jahre lang im Garten und in der Nachbarschaft anstellte und »es schließlich so arg trieb, dass man ihn dem Zoologischen Garten schenkte«.

Es schien nicht der einzige Rabe zu sein, der Jakob hieß und in seinem

Umfeld nicht nur für Heiterkeit sorgte, fiel es Robert Seifermann ein. In den fünfziger Jahren war ein Buch des Schriftstellers Hans G. Bentz (1902 bis 1968) erschienen mit dem Titel »Gute Nacht, Jakob«. Es handelte ebenfalls von den Schelmereien und Schandtaten eines Raben. Robert hatte es damals in der Bücherei ausgeliehen und sich über die Streiche des klugen Vogels köstlich amüsiert.
Auch in einer der zahlreichen Bildergeschichten des Dichters und Malers Wilhelm Busch (1832 bis 1908), die der Knabe Robert in seiner Schulzeit gerne las, waren neben den bekannten Streichen von »Max und Moritz« auch die eines schwarzen Vogels zu finden: »Hans Huckebein, der Unglücksrabe«.
Der Knabe Fritz hatte ihn im Wald gefunden und zu seiner Tante gebracht, wo bald nichts mehr vor ihm sicher war. Das Untier trieb es am Ende so toll, dass es sich vom Likör berauscht im Strickzeug der Tante selbst strangulierte.

Es waren nicht nur die Geschichten aus den Büchern, an die sich Opa Seifermann beim Lesen von »Jakob« im alten Schulbuch erinnerte. Er hatte solch ein schwarzes »Ungetüm« als Schüler selbst erlebt. In eines der Nachbarhäuser war damals eine Familie aus dem Norden mit allerlei Getier eingezogen. Glanzstück des Privatzoos war ein Kolkrabe, ein wahrer Teufelsbraten, wie sich herausstellen sollte.

Bei schönem Wetter saß er, an einer Kette angebunden, auf dem Balkongeländer und begeisterte die Umgebung mit seinen Kunststücken. Es gab kein Geräusch, das er nicht meisterhaft nachzuahmen verstand. Besonders täuschend echt äffte er das Bellen des Dackels nach, der meistens den Balkon mit ihm teilte.
Die Kette, die Jakob, so hieß der seltsame Geselle wie in der Lesebuchgeschichte auch, festhalten sollte, musste wohl nicht von allerbester Qualität gewesen sein, denn oft gelang es ihm, flugs zu entwischen. Dann war nichts mehr vor ihm sicher. Wehe der Wäsche, die an einer Leine baumelte! Sie war ein bevorzugtes Angriffsziel. Und wehe den Kindern, die ihn manchmal ärgerten, wenn er oben auf dem Geländer saß! Jakob vergaß nichts, und war er in Freiheit, ging es ans Heimzahlen. Im Sturzflug sauste das schwarze Rabenungetüm herab. Den Buben und Mädchen blieb nichts anderes übrig, als eine Bauchlandung nach der anderen zu vollführen, um den Schnabelhieben des Untiers zu entgehen.

War nichts mehr zu erblicken, womit er seinen Schabernack treiben konnte, flatterte er auf seinen Balkon zurück. Doch eines Tages blieb er verschwunden. Niemand wusste, wo er geblieben war. Und wenn danach auf dem Balkon ein Bellen zu hören war, konnte es nur der Dackel gewesen sein.

Himbeeren aus dem Tante-Emma-Laden

Opa Seifermann blätterte im alten Lesebuch aus seiner Schulzeit. Sein Blick blieb an einem Bild hängen, das Erinnerungen in ihm weckte. Es war ein damals typischer Tante-Emma-Laden, der darauf zu sehen war.

Wenn er heute im Supermarkt einkaufte, standen die meisten Lebensmittel fein säuberlich verpackt im Regal. In Schachteln, in Dosen, in Gläsern, in Flaschen, sogar Obst und Gemüse waren zum großen Teil portioniert und in Folie eingeschweißt.

Im Tante-Emma-Laden damals war das noch ganz anders. Waren wie Mehl, Zucker, Salz oder Rosinen füllte der Kaufmann mit einer kleinen Schaufel aus Säcken in Papiertüten. Danach wog er ab. War es zu wenig, füllte er nach, war es zu viel, schüttete er einen Teil zurück. Dinge wie Essiggurken oder Heringe gab es offen aus dem Fass zu kaufen. Sie wurden abgewogen und in Pergamentpapier eingewickelt. Obst und Gemüse stammten meistens von Bauern aus der Umgebung. Die gewünschte Menge wurde in Papiertüten abgefüllt oder in Zeitungspapier eingewickelt.

Opa Seifermann dachte daran, wie er sich als kleiner Junge jedes Mal freute, wenn er bei Oma zu Besuch war. In ihrem Dorf gab es auch so einen kleinen Tante-Emma-Laden. Manchmal durfte er für Oma dort einkaufen. Am meisten faszinierten ihn die bunten Süßigkeiten, die hoch oben in großen Gläsern auf der Ladentheke standen. Mit leuchtenden Augen starrte er dann vor allem auf das Glas mit den roten Himbeerbonbons. Sie sahen zu verlockend aus. Die gelben Zitronenbonbons daneben und die bunten Pfennigkaugummis im nächsten Glas waren auch nicht zu verachten. Aber so ein großes, süßes, rotes Himbeerbonbon oder Himbeergutsel, wie Robert dazu sagte, wäre sein Traum.

Der Kaufmann kannte seine Pappenheimer. Er wusste, welches Kind als Belohnung für den Einkauf sich über ein Rädchen Fleischwurst freute oder lieber einen Apfelschnitz nahm. So wusste er auch Roberts sehnsüchtigen Blick zu deuten. Er bekam seine süße Himbeere. Und als beim Hinausgehen die Glocke an der Ladentür läutete, gab es einen glücklich schlotzenden Buben mehr auf der Welt.

Mit dem Lastwagen an der Obstannahmestelle: Zwei Buben tragen die Körbe, der dritte tut nur so. Macht sich auf dem Foto besser!

Im Tante-Emma-Laden war es für Opa Seifermann als Kind das größte Glück, wenn er beim Einkaufen ein Himbeergutsel als Belohnung bekam.

Mit Schiefertafel und Griffel

Das alte Lesebuch war für Opa Seifermann eine Fundgrube voller Erinnerungen. Er hatte darin einen Vers entdeckt, den er als kleiner Junge schon kannte. Im Kindergarten hatten sie ihn gelernt, bevor er in die Volksschule kam, wie sie damals noch hieß.

Rote Kirschen ess ich gern,
schwarze noch viel lieber.
In die Schule geh ich gern,
alle Tage wieder.

Dabei konnte sich Robert Seifermann noch gut erinnern, wie sein Herz klopfte, als er zum ersten Mal das Klassenzimmer betrat. Der Spruch, den er gelernt hatte, klang zwar ziemlich optimistisch, aber die Vorhersagen der Erwachsenen waren wenig verheißungsvoll. »Wart, wenn du in die Schule kommst, dann beginnt der Ernst des Lebens!«, hatte man ihn gewarnt.

Zum Glück für Robert erwies sich diese Drohung als unbegründet. Der alte Lehrer, der ihm in der ersten Klasse Lesen, Schreiben und Rechnen beibringen sollte, verstand es, dem Jungen alle Angst zu nehmen. Hinten im Klassenzimmer versammelte er die Kinder um einen Flügel und sang mit ihnen jeden Morgen als Einstimmung in den Unterricht das Lied:

Wer hat die schönsten Schäfchen?
Die hat der goldne Mond,
der hinter unsern Bäumen
am Himmel droben wohnt.

Er kommt am späten Abend,
wenn alles schlafen will,
hervor aus seinem Hause am
Himmel leis und still.

Dann weidet er die Schäfchen
auf seiner blauen Flur;
denn all die weißen Sterne
sind seine Schäfchen nur.

Ein Klassenzimmer in früheren Zeiten: Brav saßen die Kinder in ihren Bänken, wenigstens, wenn der Fotograf da war.

Sie tun sich nichts zuleide,
hat eins das andre gern,
und Schwestern sind und
Brüder da droben Stern
an Stern.

Der Text passte zwar eher zu einem Gute-Nacht-Lied, wie es Opa Seifermann heute vorkam. Aber vielleicht war das vom Lehrer auch so gewollt. Jedenfalls schlich danach jedes Kind still an seinen Platz auf der harten Schulbank. Alle holten die Schiefertafel und den Griffelkasten aus dem Schulranzen und malten Buchstabe um Buchstabe von der Tafel ab. Wenn einer nicht schön genug geriet, wurde er weggewischt. Dazu hing an der Schiefertafel ein kleiner Schwamm an einer Schnur.

Frisch gekämmt und sauber gewaschen machte sich der Bub fröhlich auf den Weg zur Schule.

Auf einem Podest saß der Lehrer hinter einem Pult und wachte über seine Schäfchen. Vor ihm lag der berüchtigte Meerrohrstock, vor dem sich jedes Schulkind fürchtete.
Opa Seifermann hatte damit als Schüler nur ein einziges Mal schlechte Erfahrungen gemacht. In der fünften Klasse musste er mal zwei Tatzenhiebe einstecken. Ausgerechnet von seiner Lieblingslehrerin, das tat doppelt weh! Und dann auch noch zu Unrecht, wie er damals fand! Aber daheim erzählt hatte er das nicht. Die Gefahr, von den Eltern eine Zugabe zu bekommen, war einfach zu groß.

St. Martin und ein Häufchen Elend

An seine erste Begegnung mit dem Schulhaus am Stadtgarten konnte sich Opa Seifermann noch gut erinnern. Es war am Martinstag 1949, ein Jahr vor seiner Einschulung, als er zum ersten Mal diese ehemalige Schlappenfabrik betrat, in der er dann vierzehn Jahre lang unterrichtet wurde. Das zur Schule umgebaute Haus mit Turnhalle daneben beheimatete in den unteren zwei Stockwerken die Volksschule, in den beiden Etagen darüber das Gymnasium.

Das Schulhaus am Stadtgarten beherbergte in Opa Seifermanns Schulzeit die Volksschule und das Gymnasium. Rechts daneben die Turnhalle.

Robert Seifermann besuchte zunächst die Klassen eins bis fünf der Volksschule, wie sie damals hieß. Dann konnte die Lehrerin Roberts Vater nach vielen Versuchen überreden, den Knaben in die höheren Stockwerke zu schicken. Damals kostete der Besuch des Gymnasiums noch Schulgeld, dazu mussten sämtliche Bücher privat angeschafft werden, was für eine Familie mit mehreren Kindern nicht so einfach war.

Für die Kinder der Stadt hatte am Martinstag ein Laternenumzug stattgefunden. Opa Seifermann erinnerte sich noch genau. Vorneweg war St. Martin auf einem stattlichen Pferd geritten, dahinter marschierte die Stadtkapelle und intonierte die bekannten Laternenlieder, dann folgten die Kinder mit ihren selbst gebastelten oder gekauften Lampions. Auch etliche Mütter und Väter mischten sich darunter und griffen ein, wenn die eine oder andere Laterne aus Unachtsamkeit in Flammen aufging. Manche Kinder sangen die Lieder von »Laterne, Sonne, Mond und Sterne« lauthals mit, andere hatten genug damit zu tun, ihre Lampions am Leuchten zu halten, besonders wenn wieder mal eine Windböe die Lichtquelle durchschüttelte. Dann blieb es meistens beim kurzen Refrain »Rabimmel, rabammel, rabumm!«

Auf dem Kirchplatz fand die Mantelteilung statt, bei der ein Bettler, der dort schon einige Zeit ausgeharrt hatte, ein Stück des roten Umhangs bekam, den St. Martin trug. Die Kinder sangen dazu inbrünstig die Strophe »Im Schnee, da saß ein armer Mann, hat Kleider nicht, hat Lumpen an …«. Was kümmerte es sie, dass da gar kein Schnee lag. So wie der arme Mensch aussah, konnte er den Mantelteil wohl gut gebrauchen. Da waren die Buben und Mädchen zufrieden. Sie sollten ja nach dem Umzug etwas Gutes bekommen. Dazu mussten sie zur besagten Schule laufen und zum hinteren Eingang hineingehen. Auch Robert war dabei. Drinnen bekamen dann alle Lampionkinder das begehrte Schokoladetäfelchen. Es wog zwar nur sechzig Gramm, aber in der kargen Nachkriegszeit war das für die Kinder eine Riesentafel.

Eigentlich hätte es ein glücklicher Abend für Robert sein müssen, wäre da nicht das dicke Ende gekommen. Das Unglück begann, als er das Gebäude durch einen anderen Ausgang verlassen musste. Draußen war es stockdunkel, und die spärliche Straßenbeleuchtung zeigte dem Knaben keinen Heimweg an. Er wusste nicht mehr, wo er war. Da war keine Kirche, kein markantes Gebäude zu erkennen, an dem er sich hätte orientieren können. Mitten in der Stadt fühlte er sich mutterseelenallein, ein Häufchen Elend. Robert fing zu weinen an. Eine gute Fee erbarmte sich seiner und fragte ihn nach seinem Schmerz. Zum Glück hatte er die Adresse des Elternhauses im Kopf, so dass der Tag doch noch ein gutes Ende fand.

Und ein Stück von der Schokolade, die er bekommen hatte, trug auch noch dazu bei, das Seelenheil eines kleinen Buben wieder ins Gleichgewicht zu bringen.

Auf Omas Arm fühlt sich der Bub wohlbehütet. Der kritische Blick gilt nur dem Fotografen.

Ein Vesperbrot mit Stinkkäse

Opa Seifermann schmunzelte, als er an die Religionsstunden in der ersten Klasse der Volksschule dachte. Sie wurden von einer älteren Katechetin gehalten, die wie alle Lehrerinnen damals mit »Fräulein« angeredet werden wollte, was eindeutig auf den Ledigenstand hindeutete. Robert freute sich damals riesig, wenn das Fach Religion auf dem Stundenplan stand.

Diese Fräulein hatte die große Gabe, die biblischen Geschichten spannend zu erzählen. Dazu malte sie jedes Mal eine Szene daraus mit bunten Kreiden an die Wandtafel. Mit der Zeit musste sie Roberts Aufmerksamkeit gespürt haben, denn ab und zu schenkte sie ihm eines ihrer Heiligenbildchen, mit denen sie sonst sparsam umging.

»Du bist ein braver Bub. Vielleicht wird später einmal ein Priester aus dir«, sagte sie dann immer hoffnungsvoll.

Am ersten Schultag brauchen dieses Mädchen kein Vesperbrot. Sie hoffen auf die Süßigkeiten in der Schultüte.

Robert hatte sich in dieser Richtung noch keine Gedanken gemacht, aber wenn das Fräulein meinte – wer weiß?

Im zweiten Schuljahr bekam dieses Anhimmeln einen ersten Knacks. Das Fräulein verlangte, dass die Buben und Mädchen sie laut mit »Gelobt sei Jesus Christus« zu begrüßen hätten, wenn sie ihr in der Stadt begegneten. Einmal vergaß Robert diesen Gruß absichtlich, da er seiner Meinung nach nur dem Pfarrer zustand. Flugs sprang sie von ihrem Fahrrad herunter und schnauzte den verdutzten Knaben derart an, dass ihm Hören und Sehen verging.

Der nächste Knacks folgte in der dritten Klasse. Im Kommunionsunterricht führte sie den Kindern plastisch vor Augen, was passieren würde, wenn sie die heilige Hostie berührten, die zu jener Zeit vom Priester auf die Zunge gelegt wurde. Sie behauptete, dass dann das Blut Christi herausfließe.

Als Robert bald darauf eine Hostie am Gaumen kleben blieb und er sie mit der Zunge nicht lösen konnte, nahm er instinktiv seinen rechten Zeigefinger zu Hilfe. Plötzlich fiel ihm die Warnung des Fräuleins ein. Es war zu spät. Schreckensbleich erwartete er, dass Blut aus seinem Mund tropfte. Er hatte Glück. Der Kelch ging an ihm vorüber. Von nun an glaubte Robert nicht mehr alles, was das Fräulein erzählte. Kurze

In Opa Seifermanns Kindheit mussten auch die Kinder beim Hacken auf den Feldern helfen. Umso besser schmeckte nach getaner Arbeit das Vesper.

Zeit später kam das endgültige Aus. Roberts Mutter hatte sein Vesperbrot mit Käse belegt, der nicht schlecht duftete. Nach der Religionsstunde packte der Knabe es ahnungslos aus, denn es war große Pause.

»Wer hat denn da Stinkkäse dabei?«, rief das Fräulein und rümpfte die Nase. Alle lachten Robert aus. Das war zu viel! Mit der Freundschaft war es endgültig aus. Und Priester wollte der Knabe auch nicht mehr werden. Dieses Los fiel dann später einem seiner Brüder zu.

Der Riese Timpetu und Mutters Hausmittel

Opa Seifermann schmunzelte, als er im alten Lesebuch die Geschichte mit dem Riesen Timpetu entdeckte. Es war eines seiner Lieblingsgedichte in der ersten Klasse. Damals wollte er es unbedingt selber lesen können. Da lohnte es sich, eifrig bei der Sache zu sein. Bald konnte der Erstklässler Robert die Buchstaben zu Wörtern zusammensetzen und ganze Sätze lesen. Und es dauerte nicht lange, bis Robert das Gedicht »Vom Riesen Timpetu« auswendig aufsagen konnte:

Pst! Ich weiß was. Hört mal zu!
War einst ein Riese Timpetu.
Der arme Bursche hat, o Graus,
im Schlafe nachts verschluckt 'ne Maus.
Er lief zum Doktor Isegrimm:
»Ach, Doktor, mir geht's heute schlimm!
Ich hab im Schlaf 'ne Maus verschluckt,
die sitzt im Leib und kneipt und druckt.«
Der Doktor war ein kluger Mann,
man sah's ihm an der Brille an.
Er hat ihm in den Hals geguckt.
»Wie? Was? 'ne Maus habt Ihr verschluckt?
Verschluckt 'ne Miezekatz dazu,
so lässt die Maus Euch gleich in Ruh!«

Schlitten fahren auf der Straße: In Opa Seifermanns Kindheit war das noch möglich.

Das ist nicht die Frau Doktor mit dem Pferdefuhrwerk. In Opa Seifermanns Kindheit war der Arzt bei seinen Hausbesuchen mit dem Auto unterwegs.

Einen Doktor Isegrimm gab es in Opa Seifermanns Gegend nicht. Bei kleineren Wehwehchen hatte die Mutter sowieso altbewährte Hausmittel parat: Wadenwickel bei Fieber, Schneckensaft bei Husten, Quarkwickel bei Entzündungen, Kartoffel- oder Zwiebelsäckchen bei Ohrenweh, getrocknete Heidelbeeren bei Durchfall, kaltes Wasser bei Verbrennungen, Spitzwegerich bei Insektenstichen, Anis-Fen-

chel-Tee bei Bauchweh oder Gurgeln mit Salbeitee bei Halsweh. Die Liste ließe sich beliebig verlängern.
Und dann kannte die Mutter ein Universalheilmittel, das bei Robert und seinen Geschwistern am besten wirkte: ganz einfach da sein, die Hand halten, über den Kopf streicheln, in den Arm nehmen.

Einmal halfen aber auch die besten Hausmittel nicht, erinnerte sich Opa Seifermann. Er war zwölf Jahre alt, als die Bauchschmerzen trotz Tee und Wickel nicht aufhörten.
»Wir müssen den Arzt holen«, entschied die Mutter schließlich.
Damals gab es noch überall Landärzte, die Hausbesuche machten. Auch die Seifermanns hatten einen, der schon seit vielen Jahren ins Haus kam, wenn es nötig war. So auch dieses Mal, denn der Bub hatte eine Blinddarmentzündung, wie der Arzt feststellte. Eine Operation war unumgänglich.
Und so landete Robert im Krankenhaus, bekam eine Äthernarkose und wurde operiert. Danach durfte er drei Tage lang nichts essen und, was noch schlimmer war, nichts trinken. Und das mitten im Sommer! Auch musste er vierzehn Tage lang im Spital bleiben und strenge Bettruhe einhalten. Danach war er ganz schwach auf den Beinen und hatte Mühe beim Gehen.

Opa Seifermanns Enkel machten jedes Mal große Augen, wenn er davon erzählte. Aber ihre Mutter konnte sie beruhigen.
»Heute hat die Medizin ganz neue Erkenntnisse«, sagte sie dann. »Man muss nur noch drei bis fünf Tage im Krankenhaus bleiben und bekommt ein paar Stunden nach der OP auch schon wieder leichte Kost und zu trinken.«
Robert Seifermann musste zugeben, dass Fortschritte in der Medizin eine tolle Sache waren. Aber was hatte sein Vater oft gesagt? »Lieber reich und gesund als arm und krank!«

Neue Glocken für die Kirche

Opa Seifermann wuchs nicht nur in einer katholischen Gegend auf, er war auch noch Messdiener in St. Peter und Paul. Da war es nicht verwunderlich, dass er die Kirche oft von innen zu sehen bekam. An Sonntagen manchmal dreimal: morgens zur Messe, nachmittags zur Andacht und abends zur Vesper. Und wenn jemand meint, dass es da etwas zu vespern gab, liegt er ganz falsch! Da wurden Psalmen gesungen, also geistliche Lieder. Der kleine Robert wusste, dass er sich auf den Weg machen muss-

te, wenn die Glocke eine halbe Stunde vor Beginn zum ersten Mal läutete.

Das alles fiel Opa Seifermann wieder ein, als er im alten Lesebuch das Gedicht »Die wandelnde Glocke« fand. Es stammte aus der Feder von Johann Wolfgang von Goethe (1749 bis 1832) und begann so:

Es war ein Kind, das wollte nie
zur Kirche sich bequemen,
und sonntags fand es stets ein Wie,
den Weg ins Feld zu nehmen.

Die Mutter sprach: »Die Glocke tönt,
und so ist's dir befohlen,
und hast du dich nicht hingewöhnt,
sie kommt und wird dich holen!«

Das Kind, es denkt: »Die Glocke hängt
da droben auf dem Stuhle.«
Schon hat's den Weg ins Feld gelenkt,
als lief es aus der Schule.

Doch in Goethes Gedicht kam die Glocke tatsächlich dahergewackelt und wollte das Kind fangen. Vor Schreck lief es schnurstracks zur rettenden Kirche. Und so heißt es dann zum Schluss:

Und jeden Sonn- und Feiertag
gedenkt es an den Schaden,
lässt durch den ersten Glockenschlag
nicht in Person sich laden.

Opa Seifermann erinnerte sich auch noch an die Zeit nach dem Krieg, als viele Kirchen neue Glocken bekamen. Wie oft in Kriegszeiten wurden auch im Zweiten Weltkrieg zahlreiche Glocken von den Türmen geholt und eingeschmolzen. Waffen schienen jetzt wichtiger zu sein!

Die ganze Stadt war auf den Beinen, als im Jahr 1950 fünf neue Kirchenglocken ankamen, die beiden größten festlich geschmückt auf der Pritsche eines Lastwagens, die drei kleineren auf dessen Anhänger. Die Stadtkapelle

Auch das Dampfzügle bimmelte auf seiner Fahrt durchs Bühlertal. Darum nannten es die Leute damals auch Bimmelbahn.

Die ganze Stadt war auf den Beinen, als im Jahr 1950 fünf festlich geschmückte Kirchenglocken ankamen.

spielte, die hohen Herren hielten Reden, der Pfarrer segnete die Glocken. Dann wurden sie zum Glockenstuhl hochgehievt. Und bald konnte sich die Bevölkerung wieder am vollen Geläut ihrer Glocken erfreuen.

Wer kennt nicht die Bilder von früher, als die Messbuben am Glockenseil hingen, um mit aller Kraft die Glocken zum Läuten zu bringen. Dieser Kraftakt blieb dem kleinen Robert erspart. Mit dem technischen Fortschritt läuteten die Glocken von St. Peter und Paul inzwischen elektrisch.

Einkehr mit Rucksackvesper

Beim Blättern im alten Lesebuch aus der Volksschule fiel Opa Seifermann auf, dass es darin viele Gedichte gab. Die meisten davon hatte er damals auswendig lernen müssen. Darunter waren auch die Verse, die er gerade aufgeschlagen hatte: »Das Wandern ist des Müllers Lust«.

In der Schule hatten sie die fünf Strophen als Lied gesungen. Heute wusste Robert Seifermann, dass der Text des Dichters Wilhelm Müller (1794 bis 1827) aus dem Jahr 1821 stammte und zwei Jahre später von Franz Schubert (1797 bis 1828) als Kunstlied vertont wurde. Populär wurde das Lied aber

In seiner Kindheit war Robert Seifermann oft mit seinem Opa wandern. Auf dem Bild führt der Weg auf den Fohrenbühl bei Schramberg im Schwarzwald.

Die Landschaft mit Feldern und Wäldern rund um die Burg Alt-Windeck in früherer Zeit:
Felder für die landwirtschaftlichen Arbeiten und Wälder mit Wegen zum Wandern.

Burg Alt-Windeck

So wurde in Opa Seifermanns Kindheit noch gepflügt. Furche um Furche, den Acker rauf und runter. Von wegen wandern! Aber ein gutes Vesper gab es danach auch.

erst 1844 in der Liedfassung des Komponisten Carl Friedrich Zöllner (1800 bis 1860). Opa Seifermann kannte heute noch Text und Melodie auswendig. Und so begann er zu singen:

Das Wandern ist des Müllers Lust,
das Wandern.
Das muss ein schlechter Müller sein,
dem niemals fiel das Wandern ein,
das Wandern.

Vom Wasser haben wir's gelernt,
vom Wasser.
Das hat nicht Rast bei Tag und Nacht,
ist stets auf Wanderschaft bedacht,
das Wasser.

Das sehn wir auch den Rädern ab,
den Rädern.
Die gar nicht gerne stille stehn,
die sich mein' Tag nicht müde drehn,
die Räder.

Die Steine selbst, so schwer sie sind,
die Steine,
Sie tanzen mit den muntern Reihn
und wollen gar noch schneller sein,
die Steine.

O Wandern, Wandern meine Lust,
o Wandern!
Herr Meister und Frau Meisterin,
lasst mich in Frieden weiterziehn
und wandern.

Der Lehrer hatte ihnen erklärt, dass früher die jungen Handwerksburschen drei Jahre und einen Tag lang von Meister zu Meister wandern mussten. Dort sollten sie für Kost, Logis und geringen Lohn ihre Handwerkskunst verbessern. In diesem Fall handelte es sich also um einen Müllergesellen, der auf Wanderschaft war.

Robert Seifermann erinnerte sich, dass er als Kind am liebsten mit seinem Opa wandern war. Am Wanderziel kehrten sie nämlich jedes Mal in einem Wirtshaus ein. Dort bekam er eine Limonade. Das gab es daheim nie. Das Vesper dazu hatte Opa in seinem Rucksack mitgebracht. Im Gegensatz zu heute taten das damals die meisten Wanderer. Viele Wirtschaften wurden neben der Landwirtschaft nur nebenbei betrieben. Dafür störte sich niemand daran, dass da und dort auch mal ein paar Hühner umhergackerten und die Brosamen unter dem Tisch aufpickten. Der kleine Robert hatte Spaß daran.
»Gell, Opa, jetzt sind die Hühner auch glücklich!«, meinte er auf dem Heimweg.

Von Bienenhonig und Selleriesalat

Bei der Geschichte »Am Bienenhaus«, die Opa Seifermann im alten Lesebuch aus seiner Schulzeit fand, musste er an das Bienenhaus des Nachbarn denken, das damals unmittelbar neben ihrem Gartenzaun stand und Heimat zahlreicher Bienenvölker war. Roberts Mutter schimpf-

te zwar manchmal heftig, wenn diese emsigen Nektarsammlerinnen wieder einmal auf der frisch gewaschenen Wäsche landeten und kleine braune Punkte darauf hinterließen, aber das Glas Honig zur Erntezeit versöhnte sie immer wieder.

Bald kannten sich Robert und seine Geschwister in der Imkerei so gut aus, dass sie an den Tagen, an denen eine Bienenkönigin vorhatte, mit ihren Drohnen zum Hochzeitsflug auszuschwärmen, für den berufstätigen Imker-Nachbarn Wache schoben. Sobald der Schwarm sich auf- und davonmachte, sausten sie mit der Spritzpumpe hinterher, bis sich der summende Haufen am Ast eines Baumes in Form einer hängenden Traube niederließ.

Jetzt wurde gepumpt und gespritzt, um die Hochzeitsgesellschaft am Weiterflug zu hindern. Ein vorbereiteter Kasten wurde daruntergehalten und die vom Wasser plump gewordene Immenschar hineingeschüttelt. Dabei mussten die Geschwister höllisch aufpassen, dass die Königin dabei war, sonst wäre die herrscherlose Gesellschaft schnell wieder ausgekniffen. Wenn alles geklappt hatte, war ein dickes Lob des Nachbarn sicher, und beim Wabenschleudern durften dann alle munter Honig schlecken.

Fleißig wie die Bienen halfen Robert und seine Geschwister diesem Nachbarn, wenn es galt, das gesägte und gespaltene Holz für den Winter auf den Boden über der Werkstatt zu tragen. Hinterher winkte ihnen ein kräftiges Vesper als Belohnung. Neben einer

In dieser Geschichte gingen ab und zu Nachbars Bienen auf die Reise. Wenn Robert Seifermann als Kind in die Ferien reisen durfte, fuhr er vom Bahnhof in Bühl ab.

Opa Seifermanns Reiseziel als Kind war oft der Bahnhof in Schramberg, wo er von seinen Großeltern abgeholt wurde und eine herrliche Ferienzeit verbrachte.

üppigen Wurstplatte beherrschte dabei eine riesige Schüssel mit Selleriesalat den Tisch. Auf die Wurst freute sich Robert am meisten, denn die gab es daheim nur an besonderen Tagen. Der Selleriesalat war nicht so ganz sein Fall.

Dieser Vitaminträger sollte zwar gesund sein, aber schon der Geruch war dem Knaben zuwider.

Trotzdem landete eine gewaltige Portion auf seinem Teller, die Nachbarin zeigte sich beim Schöpfen sehr großzügig. Von zu Hause aus gewohnt zu essen, was auf dem Teller war, schlang Robert todesmutig die ganze unliebsame Sache als Erstes hinunter, um sich dann völlig unbelastet der Wurst auf dem Teller zu widmen. Aber das war ein grandioser Irrtum!

Ein Sprichwort sagt: »Der Mensch denkt, und Gott lenkt.« Für Roberts Situation abgewandelt, hieß das: »Robert dachte, und die Nachbarin lachte.« Hocherfreut hatte sie nämlich mitbekommen, dass er den Selleriesalat so schnell aufaß. In der irrigen Meinung, dieses Zeug hätte ihm besonders gut geschmeckt, sprang sie auf und schöpfte ihm einen noch größeren Schlag auf seinen Teller.
»Lass es dir gut schmecken!«, meinte sie und lachte.
In Roberts Ohren klang das wie Schadenfreude, obwohl sie es bestimmt gut mit ihm meinte.

Entsetzt knabberte der Knabe danach an seiner Wurst herum, mit Schaudern an den Selleriehaufen denkend, den er noch verspeisen musste. Jetzt schlauer geworden, ließ er ihn bis zum Schluss liegen, um weiteren Nachschublieferungen zu entgehen. Robert wusste, diese Kröte musste er noch schlucken. Im Stillen nahm er sich aber vor, bei der nächsten Einladung mit dem Selleriesalat vorsichtiger und bedächtiger umzugehen.

Mit dem Fahrrad ans Meer

Opa Seifermann konnte sich noch gut erinnern, wie er als Kind den sehnlichen Wunsch hatte, einmal das Meer zu sehen. Im Schulunterricht hatten sie die Geschichte »Kannitverstan« von Johann Peter Hebel (1760 bis 1826) gelesen, in der ein wackerer Handwerksbursche von Tuttlingen nach Amsterdam gereist war und mangels Sprachkenntnissen vieles missverstand. Und Amsterdam lag am Meer.
Dann gab es im Lesebuch noch die interessante Geschichte vom Holländermichel aus dem Märchen »Das kalte Herz« von Wilhelm Hauff (1802 bis 1827). Da war von den Flößern die Rede, die auf den Flüssen die mächtigen Stämme der Schwarzwaldtannen bis nach Holland trieben. Und Holland lag am Meer.
Wenn der kleine Robert die Weltkugel betrachtete, die im Klassenzimmer stand, und die blauen Flächen ansah, stellte er sich vor, wie groß und gewaltig so ein Meer sein musste.

Robert Seifermann war sechzehn Jahre alt, als sein Wunsch endlich in Erfüllung ging. In Ferienarbeit hatte er sich das Geld für die Reise verdient. Mit ein paar Freunden wollte er von Hamburg aus zunächst an die Ostsee fahren und anschließend quer durch Schleswig-Holstein an die Nordsee, natürlich mit Zelten und Fahrrädern! In vierzehn Tagen wollten sie möglichst viel erleben.

Opa Seifermann erinnerte sich an die überfüllte Jugendherberge in Hamburg, eine Turnhalle, in der sie übernachten mussten, an die Abgase im Elbtunnel, den sie zu Fuß durchquerten, an die Hafenrundfahrt vorbei an den riesigen Dampfern, an den Zoo und an die Reeperbahn, von deren Atmosphäre sie nur ein wenig zu schnuppern bekamen. Mehr war mit sechzehn damals nicht drin.
Und dann ging die Fahrradtour los! Über Lübeck mit dem Holstentor in die Hauptstadt Kiel und dann weiter an den Ostseestrand bei Grömitz. Drei Tage Strand, baden in der Ostsee, braunes Leitungswasser abkochen und ab und zu einen Blick wagen durch eine Ritze im Bretterzaun. Dahinter versteckte sich ein FKK-Strand, der damals noch streng bewacht wurde. Opa Seifermann musste schmunzeln, wenn er daran dachte.

In einer Tagesfahrt wollten sie quer durch Schleswig-Holstein radeln bis nach Husum. Es gelang, aber bei der

Wichtig war, das Gepäck für die Fahrt gut zu verstauen. Und dann ging die Fahrradtour los. Über Lübeck mit dem Holstentor in die Landeshauptstadt Kiel und dann weiter an den Ostseestrand bei Grömitz. Drei Tage Strand und Baden in der Ostsee!

Nach der Zugfahrt über den Damm nach Westerland auf Sylt ging es mit den Rädern weiter nach Hörnum an der Südspitze der Insel. Eine Woche Zeltleben mit Lagerfeuer, Dünen, Strand und abends nach einem Gewitter Flut mit meterhohen Wellen.

So sahen die Zugfahrkarten damals aus.

Ankunft war es schon stockdunkel. Wo übernachten? Zum Glück fanden sie in der Bahnhofsmission Unterschlupf. Abenteuerlich war am nächsten Tag die Fahrt mit der Bahn von Klanxbüll über den Damm nach Westerland auf Sylt. Mit den Rädern ging es dann weiter bis nach Hörnum an der Südspitze der Insel. Eine Woche Zeltleben mit Lagerfeuer, Dünen, Strand und manchmal bei Gewitter und Flut meterhohen Wellen.

Für den jungen Robert Seifermann und seine Freunde pures Abenteuer, zu dem auch noch die Schiffsreise nach Helgoland und zurück nach Hamburg gehörte.

Vierzig Pfennige hatte er noch übrig, erinnerte sich Opa Seifermann. Damit wollte er sich im Hamburger Bahnhof eine heiße Milch kaufen. Den vollen Becher hatte er in der Hand, aber mit dem Trinken wurde es nichts. Eine dicke Haut hatte sich über die weiße Brühe gelegt. Schon beim Anblick würgte es ihn. Die Heimfahrt musste er wohl oder übel hungrig antreten.

Wir sind Weltmeister!

Ein Kapitel suchte Opa Seifermann im alten Lesebuch vergeblich: Die Geschichte vom Fußball-Fieber, das in der damaligen Bundesrepublik Deutschland im Sommer 1954 ausbrach. Das Buch war zwei Jahre zuvor gedruckt worden.
Auch ihn hatte dieses Fieber damals erfasst, er war gerade mal zehn Jahre alt. Was war geschehen? Der krasse Außenseiter Deutschland traf im Endspiel der Fußball-Weltmeisterschaft im Berner Wankdorf-Stadion in der Schweiz auf den hohen Favoriten Ungarn.
Opa Seifermann erinnerte sich, wie er mit anderen begeisterten Menschen vor dem Schaufenster eines Radiogeschäfts in der Stadt gestanden hatte. Hinter der Glasscheibe lief ein Fernseher. Daheim hatte zu der Zeit fast niemand einen. Auf dem riesigen Kasten mit dem kleinen Schwarz-Weiß-Bild konnten sie das Spiel verfolgen. Sie mussten mitansehen, wie die deutsche Mannschaft nach acht Minuten bereits mit zwei Toren hinten lag. Und sie erlebten mit Begeisterung, wie die Elf bei strömendem Regen aufholte: In der 10. Minute 1 : 2 durch ein Tor des Nürnbergers Max Morlock, in der 18. Minute das 2:2 durch den Essener Helmut Rahn und schließlich das erlösende 3:2 in der 84. Minute. Das Siegtor schoss ebenfalls Helmut Rahn. Deutschland war Weltmeister!

Seit dem Tag war Fußball die Nummer Eins unter den Lieblingsbeschäftigungen der Buben. Die bisherigen Idole Winnetou und Old Shatterhand oder Kara Ben Nemsi und Hadschi Halef Omar aus den Karl-May-Abenteuerbüchern wurden abgelöst von den WM-Helden Fritz Walter, Toni Turek, Helmut Rahn und den weiteren acht Mitspielern.
Am liebsten hätte Robert in einer der Jugendmannschaften des Fußballvereins mittrainiert. Aber der Vater erlaubte es nicht. Von Fußball hielt er nichts. »Es gibt Wichtigeres im Leben!«, bekam Robert zu hören.
Aufs Fußballspielen musste er trotzdem nicht verzichten. Zum Glück trafen sich die Buben aus der Nachbarschaft nachmittags und kickten dann auf der Straße. Wenn mal ein Fahrzeug kam, gab es eben eine kleine Pause. Manchmal durften sogar Mädchen mitspielen. »Ausnahmsweise!«, war dann meistens der Kommentar der Buben.

Opa Seifermann musste schmunzeln, wenn er daran dachte, als er einmal bei einem Fußballspiel der Klassen 5a

Früh übt sich, wer ein Meister werden will. So einen Fußball hatte in Opa Seifermanns Kindheit nicht jeder Junge.

gegen die 5b als Torwart aufgestellt war. Heimlich, damit die Mutter nichts merkte, hatte er aus einem weißen Tuch eine Eins ausgeschnitten und sie auf seinen schwarzen Pullover aufgenäht. Eigentlich hätte er an diesem Nachmittag Zeitungen austragen sollen. Aber er konnte doch seine Kameraden nicht im Stich lassen!

»Morgen ist auch noch ein Tag!«, sagte er zu sich, radelte auf das Fußballfeld und nahm seinen Platz zwischen den Holzpfosten ein. Ob seine Mannschaft

gewonnen oder verloren hatte, wusste Opa Seifermann nicht mehr. Aber eines war ihm immer in Erinnerung geblieben: Der Kommentar seiner Mutter!

»Wenn du wieder einmal heimlich Fußball spielst«, sagte sie am nächsten Tag zu ihm, »dann nähe wenigstens die Eins richtig herum auf den Pullover!«

Fußball spielen mit den Klassenkameraden war für Robert Seifermann immer ein besonderes Ereignis. Beim Schulausflug in die Weinberge der Umgebung waren auch Mädchen dabei. Und das war mindestens genauso schön.

Bildnachweis

Dank an alle Institutionen und Personen, die ihre historischen Fotos für dieses Buch zur Verfügung gestellt haben.

Stadtgeschichtliches Institut Bühl:
Seiten 13, 14, 16/17, 18, 20, 21, 22/23, 27, 30, 34, 36, 44, 47, 53, 54/55, 56, 57, 58, 61, 62, 65, 70/71, 72, 73, 74, 79, 84, 86, 91, 95, 98, 100, 101, 104, 106, 108/109, 110, 112, 122

Stadtarchiv Schramberg:
Seiten 40, 50/51, 52, 66/67, 68, 107, 114

Stadtarchiv Schiltach: Seite 19

Privat: Seiten 25, 26, 28, 31, 33, 38, 39, 42, 48, 77, 78, 80, 83, 85, 87, 88, 93, 94, 97, 102, 117, 118, 121